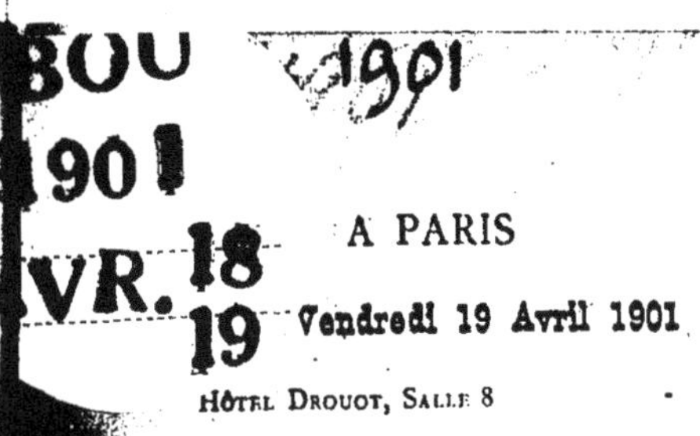

A PARIS

Vendredi 19 Avril 1901

HÔTEL DROUOT, SALLE 8

MONNAIES ANTIQUES

GRECQUES ET ROMAINES

MONNAIES FRANÇAISES & ÉTRANGÈRES

MÉDAILLES

SÉRIES NAPOLÉONIENNES ET MODERNES

JETONS

COMMISSAIRE-PRISEUR :	EXPERT :
Me MAURICE DELESTRE	M. ÉTIENNE BOURGEY
5, rue Saint-Georges	*19, rue Drouot*

PARIS

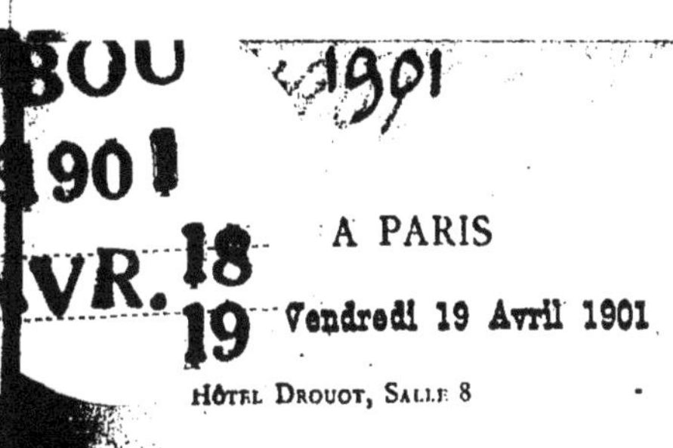

A PARIS

Vendredi 19 Avril 1901

HÔTEL DROUOT, SALLE 8

MONNAIES ANTIQUES

GRECQUES ET ROMAINES

MONNAIES FRANÇAISES & ÉTRANGÈRES

MÉDAILLES

SÉRIES NAPOLÉONIENNES ET MODERNES

JETONS

COMMISSAIRE-PRISEUR :	EXPERT :
Me MAURICE DELESTRE	M. ÉTIENNE BOURGEY
5, rue Saint-Georges	*19, rue Drouot*

PARIS

MONNAIES ANTIQUES

GRECQUES ET ROMAINES

MONNAIES FRANÇAISES ET ÉTRANGÈRES

MÉDAILLES

SÉRIES NAPOLÉONIENNES ET MODERNES

JETONS

VENTE AUX ENCHÈRES PUBLIQUES

A PARIS, HÔTEL DES COMMISSAIRES-PRISEURS, RUE DROUOT, 9

Salle n° 8, au 1er étage

Les Jeudi 18 et Vendredi 19 Avril 1901

A deux heures précises

Exposition une heure avant la Vente

COMMISSAIRE-PRISEUR :	EXPERT :
Me MAURICE DELESTRE	M. ÉTIENNE BOURGEY
5, rue Saint-Georges	*19, rue Drouot*

PARIS

Exposition particulière :

Les 15, 16 et 17 Avril, chez M. Etienne Bourgey, expert, 19, rue Drouot. (Téléphone 274-64.)

Exposition publique :

Les Jeudi 18 et Vendredi 19 Avril, Hôtel des Ventes, salle 8, une heure avant la vente.

La vente aura lieu au comptant.

Les acquéreurs paieront dix pour cent en sus des enchères.

L'exposition mettant les acheteurs à même de juger de l'état des pièces, aucune réclamation ne sera admise aussitôt l'adjudication prononcée.

M. Étienne Bourgey, 19, rue Drouot, se charge, aux conditions habituelles (5 o/o sur la limite), des commissions qui lui seront confiées.

L'ordre du catalogue sera suivi ou non. L'expert se réserve le droit de diviser ou de réunir les lots.

MACON, PROTAT FRERES, IMPRIMEURS

MONNAIES, MÉDAILLES ET JETONS

MONNAIES GRECQUES

1 *Velia*. Tête casquée, à dr. ℞. ΥΕΛΗΤΩΝ. Lion, à dr. Didr. Arg. TB.

2 Tête casquée, à g. ℞. Lion dévorant un cerf. Arg. Didr. TB.

3 *Thurium*. Tête casquée, à dr. ℞. ΘΟΥΡΙΩΝ. Taureau, à dr. Didr. Arg. TB.

4 *Bruttium*. Tête voilée, à dr. ℞. ΒΡΕΤ ΤΙΩΝ. Neptune le pied posé sur un rocher. Dans le champ, un crabe. Arg. FDC.

5 Tête de Victoire, à dr. ℞. ΒΡΕΤΤΙΩΝ. Hercule debout. Arg. FDC.

6 *Syracuse*. Tête, à dr. ℞. Quadrige. Tétradr. Arg. B.

7 Tête casquée, à dr. ℞. Pégase, dessous triquetra. Arg. TB.

8 *Panorme*, sous la domination Carthaginoise. Tête de Proserpine, à g. ℞. Cheval debout, à dr. Statère d'électrum. TB.

9 Campanie, Néapolis, Valentia, Crotone, Syracuse, Tarente, Tauromenium, Mamertini, Bruttium, etc. Br. — 40 p.

10 Locres, Centuripae, Cales, Valentia, Caena, Rhegium, Syracuse, etc. Br. — 60 p. belles.

11 *Thrace*. Byzantium, Messembria, Thasos, Aenée. Br. — 2 p. Arg. — 4 p. Ens. — 6 p. B. et TB.

12 *Illyrie*. Vache allaitant son veau. ℞. Plan des jardins d'Antinoüs. Didr. Arg. TB.

13 *Macédoine*. Néapolis. Masque de face. Statère d'arg. TB.
14 *Achaïe*. Aegium, Patrae, Tégée. Tête de Zeus. ℞. Monogramme. Arg. — 3 p. TB.
15 *Péloponèse*. Corinthe, Leucas. — 5 p. variées. Didr. Arg.
16 Elis, Mégalopolis, Phlius, Sicyone. Arg. — 4 p.
17 *Crète*. Gortyna, Eleuthernae, Itanus, Lyttus, Phaestus. Arg. — 3 p. Br. — 2 p. Ens. — 5 p.
18 *Eubée*. Histiæ, Chalcis, Carystus. Arg. — 3 p.
19 *Pontus*. Amasia, br.; Amisus, arg. et br.; Cabira.; br. Chabacta, br.; Comana, br.; Pimolisa, br.; — 9 p. la plupart belles.
20 Deniers d'Aelius, Sabine, Adrien, fr. à Amisus. Arg. — 3 p. rares.
21 *Mithridate VI Eupator*. Buste de Mithridate, à dr. ℞. ΒΑΣΙΛΕΩΣ ΜΙΘΡΑΔΑΤΟΥ ΕΥΠΑΤΟΡΟΣ. Pégase, à g., dans le champ : ΘΣ, croissant et étoile et monogramme. Arg. Tétradr. très beau et de bon style.
22 *Polémon II et Néron*. Tête laurée de Polémon. ℞. Tête laurée de Néron. Arg. TB.
23 *Bosphore*. Rhescuporis III et Caracalla. Statère d'électrum. B.
24 *Paphlagonie*. Sinope. Arg. — 3 p. variées. B.
25 *Bythinie*. Tium, Cius, Dia, Héraclée, Nicée. Br. — 5 p.
26 Nicomède II, roi. Tête laurée, à dr. ℞. ΒΑΣΙΛΕΩΣ ΕΠΙΦΑΝΟΥΣ ΝΙΚΟΜΗΔΟΥ ΑΠΡ (an 181). Jupiter debout, à g. Tétradr. Arg. TB.
27 *Mysie*. Cystophores, fr. à Pergame. Arg. — 4 p. TB.
28 *Troade*. Lesbos. Tête de femme, à dr. ℞. Tête de femme dans un carré. Électrum. B.
29 *Aeolide*. Cyme, Mitylène, Elaea, Myrrhina, arg. et br. — 8 p. B.
30 *Ionie*. Éphèse, tétradr. d'arg.; mouche. ℞. Cerf; Cystophore et pièce de br. Ens. — 3 p.
31 Chio, Erythrée, Milet, Teos. Arg. — 4 p. B.
32 *Carie*. Cnide. Tête archaïque, à dr. dans un carré. ℞. Tête de lion la gueule ouverte. Arg. TB.
33 Mausole satrape de Carie, Rhodes, drachme et didrachme. Ens. — 4 p. Arg. B.

34 *Pamphylie*. Side. Tête casquée, à dr. ℞. ΚΛΕΥΧ. Victoire allant à g. Tétradr. Arg. B.

35 *Cilicie*. Lion, à g. ℞. Baltaar assis, à g. Lion dévorant un cerf, même revers. Ens. — 2 p. Arg.

36 *Lydie*. Cystophores fr. à Tralles. Arg. — 2 p. TB.

37 *Phrygie*. Cystophore fr. à Apamée. Arg. TB.

38 *Cappadoce*. Double denier d'arg. d'Agrippine et Néron fr. à Césarée.

39 Caracalla, Plautille, Géta, Sept. Sévère, Julia Domna. Ens. — 5 p. Arg. fr. à Césarée.

40 Ariarathes IV, VI, VII et IX, Ariobarzanes. Ens. — 5 p. Arg. B.

41 *Cyrénaïque*. Tête, à g. ℞. ΚΥΡΑ. Sylphium. Didr. Arg. B.

42 *Egypte*. Alexandre Aegus. Tête, à dr. ℞. ΑLΕΖΑΝΔΡΟΥ. Minerve combattant, à dr. Tétradr. Arg. TB.

43 Ionie, Carie, Aeolis, Bithynie, Macédoine, etc. Arg. — 41 p. Br. — 76 p. Ens. — 117 p.

MONNAIES ROMAINES *

44 *Marc-Antoine et Octave*. Denier de la famille Barbatia. FDC. Brillante.

45 *Octavie et Marc-Antoine*. Tête de Marc-Antoine. ℞. Tête d'Octavie sur la cyste mystique. Médaillon d'arg. B.

46 *Auguste*. Tête laurée, à dr. ℞. Caius César galopant, à dr Coh., 39. Or. B.

47 Auguste. Sa tête, à dr. ℞. AUGUSTVS. Six épis. Médaillon d'arg., fr. en Asie, Coh., 32. TB.

48 Capricorne, Coh., 20 et 22. Vache, à dr., Coh., 28. Ens. — 3 p. B.

49 CIVIB. ET SIGN., etc. Arc de triomphe, Coh., 83. Arg. TB.

50 Étoile. Coh., 98. — Couronne. Coh., 210. — Sanglier, famille Durmia. Coh., 430. Ens. — 3 p. B.

51 Auguste & Ajax. MB., fr. à Olba en Cilicie. Br. TB.

52 *Tibère*. Tête laurée, à dr. ℞. Quadrige. Coh., 45. Or. TB.

53 *Claude et Néron*. DIVOS CLAVD AVG GERMANIC PATER AVG. Tête laurée de Claude, à dr. ℞. NERO CLAVD. DIVI CLAVD.

* Les renvois sont faits à Cohen : *Monnaies romaines*, 2me édition.

F. CAESAR AVG. GERM. Tête laurée de Néron, à dr. Médaillon fr. en Asie. Extrêmement beau.

54 *Néron*. Coh., 258 et 314. — *Galba*. Coh., 43. Arg. — 3 p.

55 *Vespasien*. Tête laurée, à dr. ℞. PAX AVGVST. La Paix assise, à g. Or. TB.

56 *Titus*. Coh., 17, 295, 318 et 320. Arg. — 4 p. TB.

57 *Domitien*. Coh., 51, 234, 251, 393 et 664. Arg. — 5 p. TB et FDC.

58 *Nerva*, Coh., 48; *Trajan*, Coh., 26, 75, 85, 87 et 121. Ens. — 6 p. Arg. TB.

59 *Adrien*. Tête laurée, à dr. ℞. COS III. La louve, à g., allaitant Rémus et Romulus. Or. TB.

60 L'Égypte, Coh., 109; la Justice, Coh., 876; Galère, Coh., 1173; Mars, Coh., 1072. Ens. — 4 p. Arg. TB.

61 *Aelius*. Tête nue, à dr. ℞. La Concorde assise, à g. Coh., 1. Arg. TB.

62 *Antonin*, Coh., 156; 164, 196, 286, 357, 582. Ens. — 6 p. Arg. TB.

63 *Antonin et Marc-Aurèle*. — *Faustine mère*. Buste voilé, Coh., 7; Coh., 175; Vesta. Ens. — 4 p. Arg. TB.

64 *Lucius Verus*. Tête nue, à dr. ℞. CONCORDIAE AVGVSTOR TRP COS II. Lucius Verus et Marc-Aurèle debout, se donnant la main. Coh., 44. Or. TB.

65 *Commode*, Coh., 311 et 357. — *Septime Sévère*, Coh., 525 et 744. — *Julia Domna*. Coh. 58 et 226. Ens. — 6 p. Arg. TB.

66 *Caracalla*, Coh., 220, 307, 340, 485. — *Plautille*, Coh., 1 et 16. Ens. — 6 p. Arg. TB.

67 *Géta*, Coh., 90, 170. — Macrin, Coh., 15. Ens. — 3 p. TB.

68 *Elagabale*. Coh., 97, 102, 126, 256, 276. Ens. — 5 p. Arg. TB.

69 *Julia Maesa*. Coh., 29 et 34. — *Alexandre Sévère*, Coh., 76, 95, 161, 440. Ens. — 6 p. Arg. TB et FDC.

70 Coh., 501, 543, 556, 560, 576. Ens. — 5 p. Arg. TB et FDC.

71 *Orbiane*. Son buste, à dr. ℞. La Concorde assise, à g. Coh., 1. Arg. TB.

72 *Julia Mamée*, Coh., 17, 35, 81. Ens. — 3 p. Arg. TB. et FDC.

73 *Maximin*. Coh., 7, 31, 46, 75, 85, 99. Ens. — 6 p. Arg. TB. et FDC.

74 *Balbin*. FIDES MILITVM. Mains jointes. Coh., 3. Arg. TB.

75 *Pupien*. Buste lauré, à dr. ℞. AMOR MUTVVS AVG. Mains jointes. Coh., 1. FDC.

76 *Gordien III*. Coh., 39, 105, 109, 155, 210, 302. Ens. — 6 p. TB et FDC.

77 *Philippe Père*, Coh., 9, 12, 33, 80, 120, 165 et 215. Ens. — 7 p. TB et FDC.

78 *Otacilie*. Coh., 4, 20, 30, 37, 43. Ens. — 5 p. TB. et FDC.

79 *Philippe Fils*. Coh., 17 et 18. — *Trajan Dèce*, Coh., 4, 13, 49, 82. Ens — 6 p. TB. et FDC.

80 *Hostilien*. Coh., 10 et 15. — 2 p. B. et TB.

81 *Trébonien Galle*, Coh., 11, 37, 63, 76. — *Volusien*, Coh., 25 et 135. Ens. — 6 p. TB et FDC.

82 *Valérien Père*. IMP C P LIC VALERIANVS P F AVG. Buste lauré, à dr. ℞. IOVI CONSERVAT. Jupiter deb., à g. Coh., 82. Variété. Or. TB.

82 *bis*. *Mariniane*. Coh., 3 et 16. Ens. — 2 p. TB.

83 *Marius*. Coh., 12, 15, 21. Br. — 3 p. TB.

84 *Placidie* (femme de Constance III). DN GALLA PLACIDIA P F AVG. Son buste diadémé, à dr. ℞. VOT XX MVLT XXX. Victoire debout à g., tenant une longue croix. C. 13. Sou d'or. TB. Trou très bien rebouché. Rare.

85 *Honoria*, sœur de Valentinien III. DN IVST GRAT HONORIA P F AVG. Son buste diadémé, à dr. ℞ BONO REIPVBLICAE. Victoire debout, tenant une croix. Coh., 1 (350 f.). Sou d'or. Très rare.

86 *Eudoxie*, femme de Théodore II. AEL EVDOCIA AVG. Buste diadémé, à dr. ℞. VOT XX MVLT XXX. Victoire tenant une longue croix. Sou d'or. Sabat., 1. TB. Rare.

87 Buste diadémé d'Eudoxie, à dr. ℞. Croix dans une couronne. Tiers de sou. Or. TB.

88 *Pulchérie* (femme de Marcien). AEL PVLCHERIA AVG. Son buste diadémé, à dr. ℞. Croix dans une couronne. Tiers de sou. Or. TB.

89 *Héraclius*, *Héraclius Constantin et Héracleonas*. Les trois empereurs debout. Sou d'or. FDC.

90 *Constantin XII Monomaque*. Buste de l'Empereur. ℞. Buste du Christ. Sou d'or concave. Or. TB.

91 *Constantin XIII*, *Ducas*. L'Empereur debout, couronné par la Vierge. Sou d'or concave. TB.

92 *Michel VII, Ducas.* Buste barbu de face de Michel VII. ℞. Buste du Christ. Sou d'or concave. TB.

93 Lot de monnaies Romaines. Arg. et Br. non cataloguées.

MONNAIES GAULOISES*

94 *Trouvaille d'Oriol.* Partie antérieure d'un lion, à g., dévorant sa proie (303). Arg. FDC.

95 Tête de bélier, à dr. (356). Arg. TB.

96 *Marseille.* Tête de Diane, à dr. ℞. ΜΑΣΣΑ. Lion, à dr. Drachme de style grec (797 var.). Arg. TB.

97 Tête de Diane, à dr. ℞. ΜΑΣΣΑΛΙΗΤΩΝ. Lion, à dr. (956 et 1086). Arg. — 2 p. TB.

98 Tête de Diane, à dr. ℞. ΜΑΣΣΑΛΙΗΤΩΝ. Lion, à g. (1286). Arg. TB.

99 Tête de Diane, à dr. ℞ ΜΑΣΣΑΛΙΗΤΩΝ. Taureau, à dr. (1673). Br. — 2 p. B.

100 *Cabellio.* CABE. Tête de la nymphe de Cabellio. ℞. Tête casquée, à dr. (2563). Br. Rare.

101 *Volques Arecomiques.* VOLCAE. Buste de Diane, à dr. ℞. AREC. Demos, debout, à g. revêtu de la toge. Devant : un rameau (2677). Br. TB.

102 *Nemausus Colonia.* Buste, à dr. ℞. NEM [C]OL. Obole d'arg. (2718). Rare.

103 Tête casquée, à dr. ℞. [NE]M C[OL]. La colonie deb., tenant une épée et une patère (2735). Br. B.

104 *Allobroges.* Tête, à g. ℞. Cheval, à g.; dessus, un rameau (2895).

105 *Volques Tectosages.* Tête, à g. ; devant, deux poissons. ℞. Croix cantonnée (3104). Arg. — 2 p. TB.

106 *Bituriges Cubi.* Tête, à dr., avec cheveux à longues boucles et résille. ℞. Cheval, à dr., dessous, un trèfle (4065). Demi-statère d'or. Très rare. FDC.

107 Tête, à g. ℞. Cheval, à g. Au-dessus une épée, dessous, une étoile (4097). Arg. TB.

108 *Santons.* Arivos, chef. SANTONO. Cheval, à dr. ; dessous, rosace. ℞. ARIVOS. Tête casquée, à g. (4525). Arg. TB.

* De la Tour : *Monnaies gauloises.*

109 *Eduens*. Traits se croisant en forme de branchages. ℞. Aurige, à g. (8697). Quart de statère d'or. B.

110 *Litavicus*, chef. Tête de Diane, à dr. ℞. LITAVICOS. Cavalier, galopant, à dr. et tenant le sanglier-enseigne (5076). Arg. TB. Rare.

111 *Ligue contre Arioviste*. Durnacus et Donnus, chefs. DVRNACVS. Tête, à dr.; ℞. DONNVS. Cavalier, à dr. (5795). Arg. TB.

112 *Redons*. Tête, à dr., à chevelure à grosses boucles, dessus, un sanglier. ℞. Aurige, à dr. ; dessous une rouelle de forme particulière (6768). Statère d'or. TB.

113 *Parisii*. Tête, à dr. ; devant la bouche, fleuron et point centré. ℞. Cheval, à g. ; au-dessus, filet ; dessous, rosace. Statère d'or de grand module. B. Entaille au revers (7780). Rare.

114 Tête, à dr. ℞. Cheval, à g. ; devant : S, au-dessus rosace et filet (7804). Quart de statère. Or. TB.

115 *Calètes*. ATEVLA. Buste ailé, à g. ℞. VLATOS. Taureau, à dr. ; dessus, S couché; dessous, étoile (7191). Arg. TB.

116 *Remes*. REMO. Trois bustes accolés, de profil, à g. ℞. REMO. Victoire dans une bige, à g. (8040). Br. Superbe. Patine verte.

117 *Leuques*. Tête d'Octave, à dr. ℞. GERMAN INDVTILL. Taureau, à g. (9246). Br. TB.

118 *Pétrocores*. Tête, à g. ℞. Hache, torque et bracelet, rouelle, olive cantonnant une croix. Arg. TB.

119 Variétés de la pièce précédente. Arg. — 3 p.

120 Bituriges, Eduens, Volques, Helvètes, Remi. Pétrocores. Br. — 4 p. Arg. — 22 p. Ens. — 26 p.

Rois Visigoths.

121 *Egica* (687-700). IND : IN : M : EDGICA REX. Buste, à dr. ℞. CORDOBA PATRICIA. Croix sur trois degrés. Or. TB.

122 *Egica et Wittiza*. INDIN MNEECICADX. Deux bustes en regard séparés par une croix. ℞. INDINMEVVITTIZARX. En légende intérieure : CORDOBA RX. Croix. Or. TB.

MONNAIES FRANÇAISES*

123 **Carolingiens.** *Charles le Chauve.* Deniers fr. à Orléans. Arg. — 8 p. TB.

124 CENOMANIS CIVITAS. Deniers fr. au Mans. Arg. — 2 p. TB.

125 **Capétiens.** *Louis IX.* Gros tournois à l'étoile, H. 9. — *Philippe III.* Gros tournois avec PHILIPUS, H. 5. — *Philippe IV.* Gros tournois à l'O long, H. 8. — Maille tierce, H. 7, Double tournois, H. 23. — Ens. — 5 p. Arg. TB.

126 *Louis X.* Gros tournois. H. 3. — *Philippe V.* Gros tournois, H. 3. — *Charles IV.* Maille blanche, H. 9. — Ens. — 3 p. Arg. TB.

127 *Philippe VI.* Écu d'or. Le roi assis sur une chaise gothique, tenant une épée et un écu fleurdelisé. Or. TB.

128 — Gros tournois, H. 20; Gros à la couronne, H. 25; gros à la fleur de lis, H. 29; maille blanche, H. 21. Ens. — 4 p. TB.

129 — Gros à la queue, H. 22. Double parisis, H. 28. Double parisis, H. 42. Ens. — 3 p. Arg. TB.

130 *Jean le Bon.* Franc à cheval. Le roi galopant, à g. l'épée haute, H. 11. Or. TB.

131 Gros à l'étoile. (Étoile). MONETA : DUPLEX : ALBA. Bordure de treize lis. En légende intérieure : IOHS FRACO REX. ℞ : + IOHANNES.DEI.GRA. Croix cantonnée de deux étoiles. SIT NOMEN, etc. en lég. extérieure, H. 44. Pièce superbe d'une conservation exceptionnelle.

132 Gros à la queue, H. 19. Gros à la fleur de lis, H. 31. Gros tournois, H. 33. Gros patte d'oie, H. 49. Ens. — 4 p. Arg. B.

133 Gros à la couronne, H. 25. Gros tournois, H. 19. Gros tournois avec FRANCORV REX sous une couronne, H. 28. Gros denier blanc, H. 32. Piéfort du double parisis, H 59. Ens. — 5 p.

134 *Charles V.* Blanc aux fleurs de lis, H. 7. Gros tournois, H. 6. Gros delphinal, H. 14. Ens. — 3 p. B.

* Hoffmann : *Monnaies royales de France.*

135 *Charles VI.* Écu d'or. Écu couronné. H. 1. TB.
136 La même pièce, fr. à Angers. Or. TB.
137 Gros dit grossus, H. 14. Florette, H. 17. Guénard, H. 22. Niquet, H. 34. Double tournois. H. 31. Petit parisis, H. 40. Denier dentillé, H. 47. Ens. — 7 p. B. et TB.
138 Florettes, fr. à Angers par le régent au nom de Charles VI. Guénard et double tournois. Ens. — 9 p. B. et TB.
139 *Henri V.* Gros de Calais. Demi-gros de Calais. Double tournois. Ens. — 3 p. TB
140 *Charles VII.* Royal d'or, fr. à Angers. H. 9. Or. TB.
141 Florettes, fr. à Tours, H. 35. Grands blancs aux trois fl. de lis, fr. à Tours et Angers, H. 39. Ens. — 3 p. B.
142 Grands blancs, fr. à Angers, H. 36. Double tournois, deux fl. de lis et un K dans le champ, H. 53. Denier tournois avec TVRONVS FRANCIAE. H. 62. Ens. — 4 p. B.
143 *Louis XI.* Écu d'or fr. à Tours, H. 1. Or. B.
144 Demi-écu d'or, fr. à Perpignan. LVDOVICVS DEI GRA FRANCO REX. ℞. XPC VINCIT., etc. Croix feuillue, ayant un P au centre. Or. B. N'est pas dans Hoffmann. Très rare.
145 Grands blancs à la couronne, H. 15. Petit blanc, H. 17. Grands blancs au soleil, H. 19. Ens. — 5 p. fr. à Tours.
146 *Charles VIII.* Écu d'or, fr. à Tours, H. 2. Douzain. H. 11. Carolus, H. 19. Ens. — 4 p. B. et TB.
147 *Louis XII.* Douzain. fr. à Lyon et douzain de Bretagne. Ens. — 2 p. B.
148 Écu d'or de Louis XII. Or. AB.
149 *François Ier.* Écu d'or, fr. à Saint-Pourçain. H. 4. Or. TB.
150 Teston, fr. à Angers. Tête barbue et couronnée, H. 77. Arg. AB.
151 Demi-teston. Buste barbu avec couronne radiée, H. 85. Arg. B.
152 Douzains, dixains à l'F, douzains à la croisette. Ens. — 7 p. B.
153 Douzain aux salamandres, fr. à Angers, H. 106. TB.
154 *Henri II.* Gros et demi-gros de Nesle, douzains. — 9 p. — *Charles IX.* Teston, fr. à Angers. Ens. — 10 p. B.
155 *Henri III.* Écu d'or, fr. à Tours, H. 4. Or. TB. — Quart d'écu. — Doubles tournois. Ens. — 4 p.
156 *Henri IV.* Quart de franc, fr. à Tours. — *Louis XIII.* Doubles deniers tournois. Ens. — 15 p.

157 *Louis XIII.* Écu d'or, fr. à Rouen, H. 4. Or. FDC.

158 Écu d'or, fr. à Lyon, 1637, H. 4. Or. TB.

159 *Louis XIV.* Écu d'or, fr. en 1643 à Aix-en-Provence, H. 1. Or. FDC.

160 Louis d'or à la mèche longue, fr. à Arras, H. 12. Or. TB.

161 Demi-louis à la mèche courte, fr. à Paris, H. 18. Or. TB.

162 Louis d'or à la mèche longue, fr. à Angers. Or. FDC.

163 Double louis. Tête laurée, à dr. ℞. CHRS. REGN. VINC. IMP. Quatre lis couronnés disposés en croix et cantonnés de quatre L. Au centre : D. H. 32. Fr. à Lyon, 1694. Or. Très belle pièce à FDC.

164 Louis au même type, fr. à Lyon en 1693, H. 33. Or. TB.

165 La même pièce, fr. à Lyon en 1695, H. 13. Or. TB.

166 Louis. Tête laurée, à dr. ℞. Huit L couronnés, disposés en croix et cantonnés du sceptre et de la main de justice, H. 36. Paris. 1701. Or. TB.

167 Demi-écus à la mèche longue, fr. à Angers en 1651, 1652 et 1655. Arg. — 3 p. B.

168 Écus de France-Navarre, H. 79. Arg. — 2 p.

169 Écu du Parlement. Buste drapé du roi, à dr. ℞. Écu de France couronné. Fr. à Aix, 1679. Arg. TB.

170 Écu de France-Navarre-Béarn, H. 83. Arg. TB.

171 Écu aux trois couronnes, fr. à Tours, H. 187. Arg. TB.

172 *Louis XV. Double louis aux insignes.* LVD. XV. D. G. FR. ET. NAV. REX. 1716. Buste du jeune roi, à dr. ℞. CHRS REGN. VINC. IMP. Écu de France couronné, sceptre et main de justice en sautoir. — Très belle pièce sur flan très large. Fr. à Lyon, H. 3. Or. TB.

173 Louis à la croix de Malte. Tête laurée, à dr. ℞. CHRISTUS REGNAT VINCIT IMPERAT. Croix de Malte, H. 9. Aix. 1718. Or. FDC.

174 Demi louis au même type, fr. à Lyon en 1719, H. 9. Or. TB.

175 Louis aux deux L. Deux L adossés et couronnés, entre trois lis. Lyon, 1720, H. 21. Or. TB.

176 Écu et demi-écu aux lauriers, fr. à Tours. Arg. — 2 p.

177 Écus de Navarre, fr. à Montpellier et à Perpignan. Ens. — 2 p. FDC.

178 *Louis XVI.* Double louis au buste. LUD. XVI D. G. FR. ET

NAV. REX. Buste habillé, à g. ℞. CHRS. REGN. VINC. IMPE. 1775. — Ecus ovales de France et Navarre, sous une couronne. Fr. à Limoges, H. 2. Or. FDC.

179 Double louis, fr. à Metz, en 1786. Or. B.

180 **République**. Un décime, fr. à Genève, l'an 9. — Sol aux balances, contremarqué d'un G (Guadeloupe). Ens. — 2 p. B.

181 *Siège de Lyon*. OPUGNATIO LUGDUNI. Canon. ℞. 5 S, faisceau et hache de licteur : au-dessous, la date 1793. Cuiv. TB. Très rare.

182 Thaler de nécessité, fr. à l'occasion des guerres contre la France par Adalbert, évêque de Fuld. Arg. FDC.

183 Thaler de nécessité, fr. par Georges Charles, évêque de Würtzbourg en 1795. Arg. TB.

184 Même thaler, fr. par Clément-Venceslas, évêque de Trèves. Arg. TB.

185 Même thaler, fr. par Louis de Bamberg. Arg. — 2 p. TB. — 40 kreutzers du même.

186 Siège de Luxembourg. Le général Jourdan. Écu. LXXII. ASSES, en deux lignes ; dessous, branches de chêne, au milieu, le chiffre 13. ℞. AD USUM LUXEMBURGI CC VALLATI 1795, en cinq lignes, Hennin, 658. Arg. TB.

187 **Républiques étrangères**. *Genève*. RÉPUBLIQUE GENEVOISE. ÉGALITÉ LIBERTÉ INDÉPENDANCE. Tête de la ville de Genève, à g. ℞. APRES LES TÉNÈBRES LA LUMIERE. 1794. Au centre : PRIX DE TRAVAIL L'AN III DE L'EGALITÉ. Deux épis. Arg. TB.

188 *République Cisalpine*. Scudo de 6 livres. ALLA NAZ. FRAN. LA REP. CISAL. RICONOSCENTE. La France assise devant la République Cisalpine. ℞. SCUDO DI LIRE SEI, etc. Arg. Pièce superbe. FDC.

189 *Naples*. Écu. REPUBLICA NAPOLITANA. La Liberté debout. ℞. ANNO SETTIMO DELLA LIBERTA, et dans une couronne : CARLINI DODICI. Arg. TB.

190 *Venise*. Écu. LIBERTA EGUAGLIANZA, la Liberté debout. A l'exergue : ZECCA V. ℞. ANNO I DELLA LIBERTA ITALIANA 1797, et dans une couronne : LIRE DIECI VENETE. Arg. TB.

191 *République Ligurienne*. Écu. LIBERTA EGUAGLIANZA. La Liberté et l'Égalité enlacées. A l'exergue : 1798. ℞. Armes de la ville de Gênes. Arg. TB.

192 Pièce de 4 lire. Même type. 1798. Arg. TB.

193 *Bologne*. Demi-écu. PRŒSIDIUM ET DECUS. La Vierge et l'enfant Jésus au milieu des nuages; dessous, la ville. ℞. POPULUS ET SENATUS BONON. Écusson de la ville. A l'exergue : P. 5 1797. Arg. FDC.

194 **Consulat**. *Essai de la pièce de 5 francs par E. Auguste*. N^N BONAPARTE PREM^R CONSUL. Buste de Bonaparte, à dr. ℞. RÉPUBLIQUE FRANÇAISE. 5 FRANCS. AN XI. Victoire ailée, tenant une couronne et une palme, debout, à g. sur un globe; au-dessus de sa tête, une étoile; sur la tranche : DIEU, JUSTICE ET FORCE. Superbe. De la plus grande rareté. Arg. 38 mm. FDC.

195 **Empire**. Francs de l'an XII, de l'an XIII et de 1806. Ens.— 3 p. Arg. TB. et FDC.

196 Francs de l'an XII, de 1808 et 1814. Ens. — 3 p. Arg. TB. et FDC.

197 Demi-francs de l'an 13, de 1806, 1809 et 1812. Ens. — 4 p. Arg. TB. et FDC.

198 Quart de francs de l'an XII, de l'an XIII et de 1807. Ens. — 3 p. Arg. FDC.

199 Essai de 100 francs. Buste de Napoléon Ier de trois-quarts, à dr. ℞. EMPIRE FRANÇAIS 1807. Aigle couronné de face, sur un foudre. Tranche lisse. Arg. FDC.

200 Trente sols de la République Cisalpine. — Cinq lire de Marie-Louise, duchesse de Parme. — Cinq francs de Lucques et Piombino. Ens. — 3 p. Arg.

201 *Zara*, assiégée par les Autrichiens en 1813. Disque d'argent, empreint au centre d'un losange, contenant l'aigle impérial, le nom de la ville de Zara et la date 1813. ℞. I. O. 4 F 60 C (une once, 4^F 60). Arg. 40 mm. FDC. Très rare en cet état.

202 Pièce de 32 schillings, fr. à Hambourg par le maréchal Davoust en 1809. Arg. FDC.

203 Pièce de dix livres, fr. par le maréchal de Caen pour les îles de France et Bonaparte. Arg. B.

204 *Jérôme Napoléon*, roi de Westphalie. Thaler. Son buste, à dr. ℞. KŒNIG VON WESTPHALEN FR. PR. Dans le champ, en cinq lignes : X EINE FEINE MARK 1811 C. Arg. FDC.

205 Demi-écu. HIERONYMUS NAPOLEON 2/3 ST. Écusson de Westphalie. ℞. KŒNIG VON WESTPHALEN FR. PR. Dans le champ, en cinq lignes : XXIIII MARIEN GROSCH. 1810. NACH. D. LEIPZ. FUS. Arg. FDC.

206 *Louis-Napoléon*, roi de Hollande. 50 stuyvers de 1808. Arg. FDC.

207 *Joseph Napoléon*, roi d'Espagne. Pièce de 320 réaux : IOSEPH.NAP.D.G.HISP.ET.IND.R. 1810. Son buste lauré, à g. ℟. AUSPICE. DEO IN UTROQ. FELIX. Ecu couronné, accosté de : 320 Rs et entouré du collier de l'ordre de la Toison d'or. Pièce superbe. Or. Rare.

207 *bis*. Pièce de 8 réaux. Arg. B.

208 *Murat*, r. des Deux-Siciles. Pièce de 40 lire de 1813. Or. B.

209 Murat, r. des Deux-Siciles. Pièce de 5 lire, fr. en 1813. Arg. FDC.

210 Murat, r. des Deux-Siciles, grand amiral de France. Pièce de 12 carlins, fr. en 1809. Arg. Extrêmement belle.

210 *bis*. Joachim Murat, grand-duc de Berg. Écu. IOACHIM HERZOG ZU BERG U. CLEVE. Tête nue de Murat, à dr. ℟. BERG UND CLEVISCHE LAND MUNZ. 1806 et dans une couronne : XVI EINE FEINE MARK. Arg. FDC.

211 Florin. IOACHIM GROSHERZOG VON BERG. Même tête. ℟. I BERGISCHER CASSA THALER. 1807. Armes de la ville. Arg. TB.

212 *Bernadotte*, r. de Suède. Demi-écu, fr. en 1831. Arg. TB.

213 *Charles Frédéric, comte d'Isenbourg*. Essai de l'écu. CARL FURST ZU ISENBURG. Sa tête nue, à g. ℟. 16 EINE FEINE MARK. 1811, dans une couronne. Br. Tranche striée. FDC. Rare.

214 Les Alliés à Paris. François Ier, ange de paix. — Frédéric-Guillaume, ange de paix. Module de 5 francs. — 2 p. Arg. Refrappes.

215 **Louis XVIII**. 5 francs. Buste de Louis XVIII, à g. ℟. S. A. R. MONSIEUR Cte D'ARTOIS VISITE LA MONNAIE DE MARSEILLE. LE 4 8bre 1814. Arg. TB.

216 Essai de 40 francs. Br. — Francs de 1816 et 1822, fr. à Paris. Ens. — 3 p. FDC.

217 **Charles X**. 5 francs, fr. à Paris en 1830. Coin de Michaut. Arg. FDC.

218 2 francs de 1828, fr. à Bordeaux. — 2 francs de 1829, fr. à Paris. — Franc de 1828, fr. à Lille. Ens. — 3 p. FDC.

219 — Franc de 1825, fr. à Paris. — Franc de 1828, Nantes. — Essai uniface de 40 francs. Cuiv. plaqué d'or. Ens. Paris. — 3 p. FDC.

219 *bis*. **Louis-Philippe**. Francs de 1835, 1840 et 1847. — Franc de 1841, fr. à Lille. Ens. — 4 p. FDC.

220 Pièce de 5 francs de 1848. Fr. à Paris. Arg. FDC.

221 **Monnaies féodales**. *Anjou*. Geoffroy II et III. — Foulques IV et V. — Charles I et II. Ens. — 9 p. TB.

222 Charles III. Denier et obole à la clef entre deux lis. Ens. — 2 p. TB.

223 *Le Mans*. Successeurs d'Herbert. — Charles III. — *St Martin de Tours*. Deniers et oboles. — 11 p. B.

224 *Comté de Scodingue*. SCUTINCOR. COMITIS, en légende circulaire dans le champ. ℟. SAUNIS BE. Croix. Denier. TB.

225 *Béarn*, Henri d'Albret. — Dombes. — Château Renaud. Sedan. — Arches. — Cugnon. — Deniers tournois et douzain. — 16 p.

226 *Divers*. Naples. — Edimbourg. — Médaille rappelant le ducat de Louis XII, etc. Ens. — 4 p.

227 Écu Louis XV. — Écu de Charles-Quint, fr. à Besançon. Ens. — 2 p. Arg.

MONNAIES ÉTRANGÈRES

228 *Flandre*. Florin d'or fr. pendant la minorité de Charles-Quint. Or. TB.

229 *Ducat de Hambourg*, fr. en 1642. Or. B.

230 Pièce de 4000 reis, fr. par Jean V de Portugal en 1721. Or. FDC.

231 *Italie*. Pièce de 96 lire, fr. par la République de Gênes en 1792. Or. TB.

232 Sequin d'or de Venise. — Quart de ducat, fr. par Benoît XIV. Ens. — 2 p. B.

233 Ferdinand IV, roi de Sicile. Ducat de 1762. Or. B.

234 Charles, roi de Sicile, infant d'Espagne. Ducat de 1734. Or. TB.

235 Ducaton d'arg., fr. à Milan en 1588, par Philippe II d'Autriche, roi d'Espagne. TB.

236 Même pièce pour l'année 1592. Arg. TB.

237 Même pièce pour l'année 1594. Arg. TB.

238 Rome. Siège vacant. Testons de 1559. Arg. — 3 p. B. — Julii divers. — 11 p. Ens. — 14 p.

239 Grégoire XIII. Testons d'arg. variés et intéressants. — 14 p.

240 Paul IV, Pie IV, Pie V. Testons d'argent, variés et intéressants. — 11 p.

241 Clément X. Scudo de 1675. Arg. TB.

242 Innocent XI. Scudo. Arg. TB.

243 Pie VI. Demi-écu. — Léon XII. Écu de 1825. Ens. — 2 p. B et TB.

244 Monnaies papales divisionnaires. Arg. — 7 p.

245 Médaille au buste d'Urbain VIII. ℞ VBERIORI ANNONAE COMMODO. Vue de St-Jean-de Latran. Arg. 40mm. B.

246 Gênes. Triple écu de 1693. Arg. AB.

247 Charles-Louis d'Étrurie et sa mère ; fr. à Florence en 1807. — Gouvernement provisoire de la Lombardie. 5 lire. 1848. — 5 lire, fr. à Venise en 1858. Ens. — 3 p. Arg. B.

248 *Allemagne*. Salzbourg. Jean-Ernest, comte de Thun. — Thaler du Tyrol de 1622. Ens. Arg. — 2 p. TB.

249 Joseph Ier. Thaler du Tyrol, fr. en 1805. Arg. FDC.

250 Francfort. 2 gulden. Le grand-duc Jean. Arg. — 2 marks de Frédéric III, empereur d'Allemagne. — 2 p. Ens. — 3 p. FDC.

251 Jubilé du mariage de l'empereur d'Autriche. Arg. FDC.

252 *Suisse*. 5 francs du tir fédéral de Lugano en 1883. Arg. TB.

253 *Pays-Bas*. Demi-écu des Provinces Fédérées. Arg. FDC.

254 *Russie*. Catherine Ire. — Pierre le Grand. — Pierre III. Roubles. Arg. 3 p.

255 Anne. Demi-rouble. — Paul Ier. Rouble. — Monnaies divisionnaires diverses. Ens. Arg. — 6 p.

256 Pièce d'un rouble et demi, fr. en 1836. Arg. B.

257 Rouble de 1856. Demi et quart. Ens. — 3 p. Arg. FDC.

258 Alexandre III. Rouble du couronnement, fr. en 1883. Arg. FDC.

259 *Espagne*. Ferdinand II. — Ferdinand III. Écus et divisions. Arg. — 6 p. B.

260 Ferdinand et Marie-Caroline. — Philippe V. Écu et divisions. Ens. — 4 p. Arg. B.

261 Monnaies américaines. — Yen du Japon. Monnaies algériennes, etc. Arg. et billon. — 7 p.

262 Lot de monnaies. Br. Monnaies russes, papales, etc...

263 *Abyssinie*. Thaler au buste de Ménélick, souverain d'Éthiopie. Arg. FDC.

264 *Cambodge*. Demi-écu, fr. par Norodom. Arg. TB.

265 *Transvaal*. Pièce de 2 shillings ½ au buste de Krüger. 1896. Arg. TB.

266 *Monaco*. Honoré V. Pièce de 5 fr. de 1837. Arg. TB.

267 *Transylvanie*. Georges Rakoczi. Son buste, à dr. ℞. Écusson. Thaler de 1653. Arg. TB.

267 *bis* *Suède*. Charles XIII. Thaler de 1815. Arg. FDC. Rare.

267 *ter* Oscar II. Pièce de 2 couronnes, fr. en essai (?) Arg. FDC.

268 *Arenberg*. Conv. Thaler de Louis Engelbert, fr. en 1785. Extrêmement beau. Rare.

268 *bis* *Brunswick*. Auguste. Quart de thaler à la cloche. 1643. Arg. FDC. Rare.

268 *ter* Gulden de 1842, de Louis, roi de Bavière. — Gulden de 1741 de Louis-Adolphe, duc de Nassau. Ens. — 2 p. Arg. FDC.

MÉDAILLES *

269 **Louis XIII.** LVDOVICVS XIII REX CHRISTIANISS. Buste du jeune roi, avec arc et carquois. ℞. SIC CONTERET HOSTES. Apollon, perçant d'une flèche le serpent python. A l'exergue : CIϽIϽC XVII. Br. 50 mm. **Rare.**

269 *bis* **Louis XIV**. *Le Val-de-Grâce*. Buste du jeune roi, à dr. ℞. OB GRATIAM DIV DESIDERATI REGII PARTVS. Le Val-de-Grâce. A l'exergue : M. D. C. L. Br. 61 mm.

270 *Prise de Rhodes*. Buste du jeune roi. ℞. RHODA CATALONIÆ CAPTA. La Ville de Rhodes agenouillée devant un guerrier. A l'exergue : XXVIII MAII MDCXLV. Arg. 41 mm.

271 *Délivrance d'Arras*. Buste, à dr. ℞. PERRVPTO HISPAN. VALLO CASTRIS DIREPTIS. Deux Victoires érigeant un tro-

* Toutes les médailles de cette collection sont extrêmement belles.

phée, surmonté d'une couronne. A l'exergue : ATREBATVM LIBERATVM MDCLIIII. Br. 63 mm.

272 *Paix des Pyrénées.* Buste, à dr. ℞. AETERNAE CONCORDIAE FRANCIAE ET HISPANIAE. Deux mains jointes sur un champ de fl. de lis. A l'exergue : M. DC. LX. Br. 68 mm.

273 *L'Observatoire de Paris.* Buste, à g. ℞. SIC ITVR AD ASTRA. Vue de l'Observatoire. A l'exergue : TVRRIS SIDERVM SPECVLATORIA. M.DC.LXVII. Br. 72 mm.

274 *Canal des Deux Mers.* Buste, à dr. ℞. NOVVM DECVS ADDITVR ORBI. Neptune deb., couronné de roseaux, ouvre la terre d'un coup de son trident et forme une communication entre les deux mers. A l'exergue : MARIA JUNCTA M.DC.LXVII. Br. 72 mm.

275 — Variante de la précédente. Br. 70 mm.

276 *L'Académie des Sciences au Louvre.* Buste, à dr. ℞. APOLLO PALATINUS. Apollon, deb., de face, jouant d'une lyre posée sur un trépied ; autour de lui sont les attributs des sciences naturelles, physiques, chimiques et astronomiques. A l'exergue : REGIA SCIENT. ACAD. INST. M.DC.LXVII. Br. 57 mm.

277 *Arc de triomphe du Faubourg St-Antoine.* Buste, à dr. ℞. POVR LES CONQVESTES DE FLANDRE ET DE LA FRANCHE-COMTÉ. Arc de triomphe. A l'exergue : M DC LXX. Br. 70 mm.

278 *Prise de Besançon.* Buste, à dr. ℞. BIS LUDOVICUS CÆSAR SEMEL. Victoire debout, de face, tenant une palme dans chaque main. A l'exergue : VESVNTIO ITERVM CAPTA, M.DC.LXXIV. Br. 70 mm.

279 *Prise des quatre villes du Rhin.* Buste, à dr. ℞. VRBES IIII SIMVL EXPVGNATAE. Le Rhin assis; au-dessus une victoire tenant quatre couronnes murales. A l'exergue : ORSOVIA RHINBERGA BVRICHIVM VESALIA. M.DC.LXXII. Br. 73 mm.

280 *Établissement d'un séminaire à Brest*, 1685. Buste, à dr. ℞. TV DOMINARIS POTESTATI MARIS. Au centre, inscription en onze lignes. Br. 63 mm.

281 *Naissance du duc de Berry.* Buste, à dr. ℞. Buste du dauphin de France, à g. ; au-dessous, bustes de ses trois fils. M DC XCIII. Br. 73 mm.

282 *Grenier à sel de Rouen.* PROVIDENTIA PRINCIPIS. Vue du grenier à sel. A l'exergue : 1714. ℞. Inscription en dix lignes. Br. 76 mm.

283 *Le Dauphin et la Dauphine.* LVDOVICVS F. DELPHINVS LVD. MAG. FILIVS. Son buste, à dr. ℞. MAR. ANN. CHRIST. VICT. LVD. DELPH. CONJVX. Buste de la dauphine, à dr. Br. 73 mm.

284 **Louis XV**. *Sacre du Roi à Reims.* LUDOVICUS XV REX CHRISTIANISSIMUS. Buste du jeune Roi, vêtu d'un manteau d'hermine, avec la couronne Royale et le cordon de l'ordre du St-Esprit. ℞. REX CŒLESTI OLEO UNCTUS. Louis XV, agenouillé devant un autel, reçoit l'onction avec l'huile de la sainte ampoule. A l'exergue : REMIS XXV OCTOBRIS M DCCXXII. Arg. 72 mm. Rare.

285 *Prix de chirurgie.* LUD. XV REX CHRISTIANISS. Son buste, à dr. ℞. REG. ACADÉM. CHIRURG. PARIS. PRÆMIUM D. LA PEYRONIE MUNIFICENTIA, en six lignes. Très belle médaille. Or. 41 mm. Très rare.

286 *Ministère du duc de Bourbon.* LUD. HEN. DUX BORBONIUS PR. REG. ADMINISTER. Son buste, à g. ℞. ORDO FIDESQUE PERENNANT. L'Abondance et la Paix, debout. A l'exergue : M DCC XXIV. Arg. 58 mm.

287 *Prix de l'Académie de Marseille.* ARM. HON. DUX DE VILLARS, FR. PAR PROV. GUB. Buste du duc de Villars, à g. ℞. DOCTARUM PRÆMIA FRONTIUM. Génie, debout, au bord de la mer, portant des couronnes, au milieu d'attributs des sciences, des arts, du commerce et de l'agriculture. A l'exergue : LITTER. SCIENT. ET ARTIUM ACADEM. MASSIL. Arg. 52 mm.

288 *Repas à l'Hôtel de Ville à l'occasion de la naissance du dauphin.* Buste du roi, à dr. A l'exergue : LUTETIA. ℞. REGI OB NATALES DELPHINI FESTIVOS INTER IGNES CŒNAM URBS PRÆBET · PRÆFECTUS MINISTRET PRINCIPIBUS AEDILES. VII SEPTEMB. M DCC XXIX. Br. 72 mm.

289 *Médiation de la France entre l'Allemagne, la Russie et la Turquie.* Buste, à dr. ℞. VIRTUTIS ET JUSTITIAE FAMA. La France, assise, de face, présentant des rameaux d'olivier à ces trois nations. ℞. GERMAN ET RUSS. PAX CUM OTTOMAN CONCILIAT. MDCCXXXIX. Arg. 41 mm.

290 *Guérison du roi.* Buste, à dr. ℞. LES SIX CORPS DES MARCHANDS PRÉSENTÉS PAR LE DUC DE GESVRES GOUVERNEUR DE PARIS, ONT COMPLIMENTÉ LE ROI, LA REINE, MGR LE DAUPHIN ET MESDAMES DE FRANCE, AU CHATEAU DES TUILLERIES, SUR LE RÉTABLISSEMENT DE LA SANTÉ DE SA MAJESTÉ LES XV ET XVI NOVEMBRE MDCC XLIV. Br. 72 mm.

291 *Les six corps des marchands de Paris. Vœux pour la guérison du dauphin.* Buste, à dr. ℞. VOTA SOLUTA PRO SALUTE SEREN DELPHINI. — VI ORDINES MERCAT. PARIS. M DCC.LII. Br. 74 mm.

292 *Les six corps des marchands à l'occasion de la naissance du comte de Provence (Louis XVIII).* Buste, à dr. ℞. OB NATUM PROVIN. COMIT. SEX MERCAT PARIS ORDINES M DCC LV. Br. 74 mm.

293 *Statue de la place Louis XV.* LUDOVICUS XV PATRIAE PARENS DILECTISSIMUS. Statue équestre de Louis XV. A l'exergue : VERA LAUS REGIS AMOR CIVIUM. ℞. SEDAT FLUCTUS, TERRAM ALIT, ARTES FOVET. Soleil rayonnant au-dessus d'un port. Br. 72 mm.

294 *Cathédrale d'Orléans.* Buste de Louis XV, à dr. ℞. BASILICA SS. CRUCIS AURELIANENSIS. Vue de la façade de la cathédrale. A l'exergue : HENRICI IV VOTUM RESOLVIT LUDOV. XV. MDCCLXVII. Br. 63 mm.

295 *Fondation de l'École Militaire.* Buste, à dr. ℞. CRESCENTI AD MILITIÆ DECUS NOBILITATI. — Vue de la façade de l'école militaire. A l'exergue : PALÆSTRA EXÆDIFICATA MDCCLXVIII. Br. 63 mm.

296 *Prix de chirurgie.* Buste de Louis XV, à dr. ℞. STUDIORUM ET PERITIÆ IN SCHOLA CHIRURG. PRACTICA IN PERPETUUM ASSIGNABAT M. F. HOUSTET M DCC LXV. Br. 41 mm.

297 **Louis XVI.** *Fêtes à l'occasion de la naissance du dauphin.* Bustes conjugués de Louis XVI et de Marie-Antoinette. A l'exergue : LUTETIA. ℞. SOLEMNIA DELPHINI NATALITIA. La Ville de Paris agenouillée invitant le roi et la reine à s'approcher d'une table dressée. A l'exergue : REGE ET REGINA VRBEM INVISENTIBUS XXI JANU. M DCC LXXXII. Arg. 72 mm.

298 *Le Canal du Centre.* Buste du roi, à dr. A l'exergue : COMITIA BURGUNDIAE. ℞. UTRIUSQUE MARIS JUNCTIO TRIPLEX. La Bourgogne, assise au bord d'un canal, où le Rhin, la Seine et la Loire déversent leurs eaux. A l'exergue : FOSSIS AB ARARI AD LIGERIM SEQUANAM ET RHENUM SIMUL APERTIS. M DCC LXXXIII. Arg. 72 mm.

299 Médaille donnée par l'Assemblée nationale à J.-B. Reveillon, en remplacement du prix d'industrie qu'il avait reçu du roi en 1786, pour les services par lui rendus à l'art de la papeterie. Br. 74 mm.

300 *Académie de Châlons.* La Renommée, guidée par un génie tenant une plume plane au-dessus du globe terrestre. ℞. PRIX DE L'ACADÉMIE DE CHAALONS. Caducée dressé au-dessus d'attributs des sciences, des arts, du commerce et de l'agriculture. A l'exergue : M DCC LXXV. Arg. 54 mm.

301 *Sacre du roi.* Buste de Louis XVI en costume de sacre. ℞. DEO CONSECRATORI. La Religion, sur un nuage, tenant d'une main l'Eucharistie et de l'autre la Sainte Ampoule, fait des onctions sur le front du roi, à genoux devant un autel. A l'exergue : UNCTIO REGIA REMIS. XI . JUN. MDCCLXXV. Arg. 41 mm.

302 *Prisonniers délivrés par les commerçants de Toulouse* en 1775. Deux prisonniers en posture suppliante auprès de trois commerçants. ℞. LE PARLEMENT RENDU PAR LE ROY AUX VŒUX DE LA NATION. Louis XVI au milieu de personnages. Arg. 40 mm.

303 *Assemblée des électeurs de Paris.* 1789. Buste de Louis XVI, à g. ℞. LIBERTÉ ASSURÉE. La Liberté, debout, écrivant la date de l'assemblée sur une colonne. Arg. 46 mm.

304 *Prix d'industrie. Fondation Et. de Montigny.* Buste de Louis XVI, à dr. ℞. AD PROMOVENDAS ARTES STEPH D. M. M DCC LXXXII. Br. 64 mm.

305 *Association de bienfaisance judiciaire.* Buste, à dr. ℞. ASSOCIATION DE BIENFAISANCE JUDICIAIRE, ÉTABLIE EN 1787. Au CENTRE, dans le haut : DONNÉE A. Br. 68 mm.

306 *Abandon des privilèges.* Buste de Louis XVI, à dr. ℞. ABANDON DE TOVS LES PRIVILÈGES. Les députés des trois ordres, groupés autour d'un autel, font le serment d'abandonner leurs privilèges. A l'exergue : ASSEMBLÉE NATIONALE IV AOUT MDCCLXXXIX. Br. 63 mm.

307 *Raffineries de Bordeaux.* Buste du Roi, à g. ℞. RAFFINERIES REVIVIFFIÉES. ARRET DU 25 MAI 1786. PRÉSENTÉ AU ROI PAR LES RAFFINEURS DE BORDEAUX. Br. 41 mm. Coin de Lorthior.

308 *Louis XVI et Marie-Antoinette.* Buste du Roi, à dr. Buste de Marie-Antoinette, à g. Br. 72 mm.

309 *Expériences d'aérostation au Champ de Mars.* 1783. Bustes accolés des frères Montgolfier, à g. ℞. Montgolfière s'élevant au-dessus du Champ-de-Mars. Br. 41 mm.

310 *Ascension d'une Montgolfière*, le 5 juin 1785. Deux montgolfières dans les airs. Br. 51 mm.

311 *Ascension du De Flesselles*, monté par MM. Montgolfier, Pilâtre de Rosier, etc., à Lyon, 1784. QUE NE PEUT LE GÉNIE. Cybèle assise sur un lion, regardant une montgolfière s'élevant au-dessus de la place des Brotteaux. Br. 41 mm.

312 *J. Necker*. JACQUES NECKER GENEVOIS NÉ EN OCTOBRE M DCC XXXII. Son buste, à g. ℞. VŒU PUBLIC SATISFAIT. Dans une couronne : ELEVÉ AU MINISTÈRE DES FINANCES EN OCTOBRE 1776. RAPPELÉ EN AOUT 1788, ET POUR LA IIIme FOIS EN JUILLET 1789. A l'exergue : OFFERT A LA NATION PAR B. DUVIVIER. H, 44. Arg. 41 mm.

313 *Académie littéraire de Lyon*. Deux victoires sur un autel. ℞. Attributs scolaires. A l'exergue : Les De^{le} Brosse me. s^{e} d'éducations à Lyon. 1780. Br. 53 mm.

314 **République.** *Fédération martiale à Lyon*. FÉDÉRATION MARTIALE TENUE A LYON LE 30 MAI 1790. La Liberté debout. ℞. LE PATRIOTISME ET LA LIBERTÉ NOUS ONT RÉUNIS. Faisceau, caducée, palme, bouclier. Plaque octog. bélière. H, 133.

315 *Fête de la Fédération*. CONFÉDÉRATION DES FRANÇAIS, dans une couronne. ℞. La France prêtant serment sur un livre posé sur l'autel de la patrie et soutenu par le génie de la Liberté. A l'exergue : A PARIS LE 15 JUILLET 1790. H, 140. Arg. 41 mm.

316 *Lyon. Fédération martiale*. 1790. Armes de la Ville de Lyon. ℞. Vue du temple de la Concorde. Br. 40 mm.

317 *Prix de la Soc^{té} de médecine de Montpellier*. AUGMENTO SCIENTIAE. Buste d'Esculape. ℞. SOCIETATIS MEDICO PRACTICAE MONSPELIENSIS PRAEMIUM. Br. 48 mm.

318 LIBERTÉ FRANÇOISE. L'AN I DE LA R. F. Buste de la République, à g. ℞. A LA CONVENTION NATIONALE PAR LES ARTISTES RÉUNIS DE LYON. PUR MÉTAL DE CLOCHE FRAPPÉ EN M DCC XCII. Coin de Galle. Métal de cloche. 39 mm.

319 *L'amiral Howe*, victoire sur la France (1794). — Charles d'Autriche (1793). Étain. — 2 p. 33 mm.

320 *Médaille-Décoration* au buste de François II donnée aux soldats tyroliens qui se distinguaient dans la guerre contre la France. Arg. 40 mm. H, 771.

321 *Place Bellecour à Lyon*. Buste de Bonaparte. ℞. LE X MESS^{R} AN VIII BONAPARTE A POSÉ LA 1re PIERRE DE LA GRANDE PLACE DE LYON DÉTRUITE EN L'AN III. Br. 43 mm.

322 *Rétablissement de la Place Bellecour à Lyon*. Médaille au buste

de Bonaparte, qui en posa la 1re pierre en l'an 8. Br. 44 mm.

323 Médaille au buste de Bonaparte, fr. à l'occasion de cette même cérémonie. Métal de cloche. 43 mm.

324 *Constitution de l'An VIII.* Minerve assise, à g. ℞. SÉNAT CONSERVATEUR. Serpent enroulé autour d'un miroir. Br. 49 mm.

325 *Académie et École de chirurgie.* JEAN FERNEL. AMBROISE PARÉ. Leurs bustes accolés, à dr. A l'exergue : LA MÉDECINE RENDUE A SON UNITÉ PRIMITIVE DÉCRET DU 14 FRIMAIRE AN III DE LA R. F. ℞. AEDES ACADEMI ET SCHO CHIRURGO. Vue de l'école. A l'exergue : REGIA MUNIFICENTIA INCHOAT. MDCCCXX. ABSOL : MDCCLXXIV. Br. 60 mm.

326 Médaille au buste du Ier Consul, offerte à Bonaparte par les Lyonnais reconnaissants, à l'occasion de la paix générale. An X. Br. 48 mm.

327 Médaille au buste de Bonaparte, décernée par la ville de Lyon à Vincent et Belcy, pour leur dévouement lors de l'écroulement rue Gourguillon. An X. Br. 49 mm.

328 Médaille au buste de Bonaparte, offerte par la ville de Lille au Ier consul, en 1803. Br. 50 mm.

329 *Prix d'accouchement.* Buste de Bonaparte Ier Consul, à dr. ℞. COURS D'ACCOUCHEMENS AN 9. IER PRIX = SAGES FEMMES DÉCERNÉ PAR LE CN BEUGNOT PRÉFET DU DÉPT DE LA SEINE INFÉRIEURE A LA CNE F DE LESQUE DE CARVILLE, PRÈS DARNETAL, gravé à la pointe, en neuf lignes. Arg. 41 mm.

330 *Reddition de Mantoue.* Guerrier, costumé à l'antique, recevant les clefs que lui remet la ville de Mantoue. A l'exergue : REDDITION DE MANTOUE. ℞. A L'ARMÉE D'ITALIE VICTORIEUSE. LOI DU 24 PLUVIOSE AN 5ME R. Couronne et foudre. Arg. 43 mm, tranche inscrite.

331 *Colonne nationale.* Médaille au buste de Bonaparte Ier consul, à l'occasion de la pose de la première pierre de cette colonne par Lucien Bonaparte, ministre de l'intérieur. 14 juillet 1800. Arg. 41 mm.

332 *Entrée des Français à Munich.* La Victoire recevant une clef que lui remet la Bavière. Br. 59 mm.

333 *République Cisalpine.* NAPOLÉON BONAPARTE. Buste, à dr. ℞. REPUBLICA CISALPINA. La République Cisalpine assise, à g. environnée d'armes. Br. 62 mm.

334 *Attentat à la vie de Bonaparte.* Buste, à g. ℟. LES CITOYENS VOLENT EN FOULE VERS LUI. AMIS, CE N'EST PAS A MOI QU'IL FAUT VENIR, QU'ON AILLE AU SECOURS DES MALHEUREUX QUE LA MACHINE INFERNALE A PU FRAPPER. Arg. 50 mm.

335 La même médaille en bronze. 50 mm.

336 *Agents de change.* An 9. Buste de Bonaparte, à g. ℟. AGENS DE CHANGE DE PARIS. Vue de la Seine et du Louvre. Octog. Arg. TB.

337 *Paix de Lunéville.* Buste de Bonaparte, à g. ℟. BONHEUR AU CONTINENT. Le Soleil éclairant la terre. A l'exergue : PAIX DE LUNÉVILLE. AN IX. 1801. Médaille de Droz. Br. 55 mm.

338 *Paix d'Amiens. An X. Le retour d'Astrée.* Buste de Bonaparte, à g. ℟. LE RETOUR D'ASTRÉE. Astrée debout, parcourant la terre. Tranche inscrite. Arg. Rare. Médaille de Droz.

339 *Constitution italienne.* SPEM BONAM, CERTAMQVE DOMVM REPORTO. HOR. Génie ailé, présentant à la République Cisalpine, une tablette sur laquelle on lit COS CIS. A l'exergue : COMIZI CISALPINI IN LIONE. A. X. ℟. Inscription en six lignes. Arg. 54 mm.

340 *Prix des jeux maritimes de Marseille.* AU IER CONSUL, MARSEILLE RECONNAISSANTE. Buste du Ier Consul, à g. ℟. PRIX DES JEUX MARITIMES DÉCERNÉS LE 14 JUILLET, 25 MESSIDOR AN XI, PAR LE CONSEILLER D'ÉTAT THIBAUDEAU, PRÉFET DU DÉPARTEMENT DES BOUCHES DU RHONE. Arg. 43 mm.

341 *Paix générale.* Buste de Bonaparte. ℟. Victoire le pied posé sur un amas d'armes et écrivant sur un écusson : A LA GLOIRE DES ARMÉES FRANÇAISES. A l'exergue : PAIX GÉNÉRALE 1801-1802. Arg. 52 mm.

342 **Empire**. *Couronnement de Napoléon à Paris.* Son buste, à dr. ℟. LE SÉNAT ET LE PEUPLE. Napoléon, en costume impérial, sur un pavois tenu par deux personnages, dont l'un représente le Sénat et l'autre le peuple. A l'exergue : AN XIII. Arg. 40 mm.

343 Petites médailles relatives au couronnement de Napoléon. Or. 8 mm. — 2 p.

344 *Fêtes du couronnement.* Bustes accolés de Napoléon Ier et de l'impératrice. ℟. FIXA PERENNIS IN ALTO SEDES. Aigle éployé. A l'exergue : FÊTES DU COURONNEMENT DONNÉES A L'HOTEL DE VILLE. AN XIII. Arg. 35 mm.

345 *Michel de l'Épée*, né à Versailles. Son buste, à g. Exergue : AU GÉNIE, INVENTEUR DE L'ART D'INSTRUIRE LES SOURDS ET MUETS DANS LES SCIENCES ET LES ARTS. B. DUVIVIER, 1801. Br. 41 mm.

346 *Construction de deux mille barques. — Institution de la légion d'honneur*. Ens. — 2 p. Br. 41 mm.

347 *Mines d'Hanovre*. L'ARMÉE D'HANOVRE A NAPOLÉON, EMPEREUR DES FRANÇAIS, 1804, dans une couronne. ℞. GLÜCK AUF. DES MINES ET USINES DU HARZ PROTÉGÉES PENDANT LA GUERRE, dans une couronne. Arg. 44 mm.

348 *Entrée à Gênes*. Buste, à dr. ℞. FELICI FAUSTOQ. ADVENTUI. Buste de Janus, sur un piédestal, entouré d'attributs divers. A l'exergue : III. KAL. JUL. MDCCCV S. P. Q. LIGUR. Arg. 50 mm.

349 *Capitulation d'Ulm*. Buste de Napoléon, à dr. (Coin de Droz). ℞. Guerrier romain, dans un bige et couronné par une Victoire. A l'exergue : XVII OCTOBRE MDCCCV CAPITULATION D'ULM, DE MEMMINGEN LX MILLE PRISONNIERS. Arg. 41 mm.

350 *Création de l'Académie de Lucques*. Bustes en regard d'Élisa et de Félix Ier, princes de Lucques et Piombino. ℞. ACAD. LUCENSIUM NAPOLEONA. INSTITUTA. A. MDCCCV FELICITER; dans une couronne. DIGNIORIBUS MUNERANDIS. Arg. 47 mm.

351 *Souverainetés données*. Table couverte de couronnes royales et de sceptres auprès du trône impérial. 1806. Arg. 41 mm.

352 *Paix de Presbourg*. 1805. — Confédération du Rhin 1806. Ens. — 2 p. Br. 41 mm.

353 *Conquête de l'Istrie*. Buste, à dr. ℞. TEMPLE D'AUGUSTE A POLA. Vue de ce temple. A l'exergue : L'ISTRIE CONQUISE. AN MDCCCVI. Arg. 41 mm.

354 *Bataille d'Iéna*. Buste de Napoléon Ier, à dr. ℞. BORVSSI DIDICERE NVPER. Napoléon à cheval, en guerrier romain, foudroyant les ennemis. A l'exergue : EXERCITV AD IENAM DELETO XIV OCTOB. MDCCCVI. Arg. 41 mm.

355 *Entrée à Berlin*. Buste de Napoléon Ier, à dr. ℞. PORTE DE BRANDEBOURG. Vue de cette porte. A l'exergue : L'EMPEREUR ENTRE A BERLIN LE XXVII OCTOBRE MDCCCVI. Arg. 40 mm.

356 *Institution de Mme Pinon*. L'UTILE ET L'AGRÉABLE. Attributs

scolaires. Prix d'honneur, décerné à Augustine Blanchot, le 18 août 1806. Octog. Arg. TB.

357 *Alliance avec la Saxe*. Bustes conjugués de Napoléon et de Charlemagne. ℞. Bustes de Frédéric et de Vitikind. Br. 40 mm.

358 *Séjour à Dresde*. 1807. Buste de Napoléon, à dr. ℞. Buste de Frédéric-Auguste, roi de Saxe, duc de Varsovie, à g. Arg. 41 mm.

359 *Passage du Simplon* en 1807. — Mariage de Jérôme Napoléon avec la princesse de Wurtemberg 1807. Ens. — 2 p. Br. 41 mm.

360 *La Banque de France*. 1809. Buste de Napoléon Ier, à dr. ℞. LA BANQUE DE FRANCE. La Banque de France, tenant une branche de chêne, assise, à g., sur un socle orné d'un aigle. Arg. 68 mm. Coin de Droz.

361 Même exemplaire en bronze. 68 mm.

362 *Mariage du Roi de Westphalie* avec Catherine de Wurtemberg. Les deux époux se donnant la main. Br. 45 mm.

363 *Médaille de mariage*. Buste de Napoléon Ier, à dr. ℞. BLANDIN UNI A LECAT LE 30 AVIL 1807. Initiales enlacées. Inscription gravée. Arg. 32 mm.

364 *Joachim Murat*, Roi des Deux Siciles. Buste, à g. ℞. Vue de l'île de Caprée. Br. 59 mm.

365 *Entrée des Français à Madrid* 1808. — Passage du Danube 1809. Ens. — 2 p. Br. 41 mm.

366 *Bataille de Wagram*. Buste, à dr. ℞. Napoléon, en Hercule, frappant un ennemi et couronné par une Victoire. A l'exergue : BATAILLE DE WAGRAM VI JUILLET MDCCCIX. Coin de Galle. Arg. 41 mm.

367 *Paix de Schönbrunn*. Tête laurée de Napoléon. ℞. PREMIER HOMMAGE DE LA FRANCE RECONNAISSANTE. La ville de Strasbourg sacrifiant sur un autel allumé. A l'exergue : PAR LA VILLE DE STRASBOURG LE 24 OCTOBRE 1809. PAIX DE SCHÖNBRUNN. Br. 68 mm. Coin de Droz.

368 *Paix de Vienne*. Buste de Napoléon, à dr. ℞. L'Empereur nu, deb., tenant un rameau d'olivier et mettant le feu à un monceau d'armes. A l'exergue : PAIX DE VIENNE 1809. Arg. 41 mm.

369 *Ecole de médecine*. Esculape et Télesphore. — *Orphelines de la légion d'honneur*. Ens. — 2 p. Br. 41 mm.

370 *Pompe funèbre du duc de Montebello.* Buste de Napoléon Ier, à g. ℞. Inscription en vingt lignes rappelant la cérémonie. Arg. 68 mm. Médaille de Galle.

371 *Prix décennaux.* Buste de Napoléon Ier, à g. ℞. PREMIÈRE DÉCADE DU DIX-NEUVIÈME SIÈCLE. Minerve, assise, à g., tenant une couronne. A l'exergue : L'EMPEREUR NAPOLÉON A DÉCERNÉ :... LE CTE MONTALIVET MTRE DE L'INTÉRIEUR DÉCEMBRE MDCCCX. Arg. 68 mm.

372 *Mariage de l'Empereur* 1810. Bustes en regard de Napoléon et de Marie-Louise. ℞. FELICIBVS NVPTIIS. La ville de Vienne, gravant sur un bouclier que tient l'Amour les mots : VOTA PVBLICA. Arg. 48 mm.

373 Mariage avec Marie-Louise. Bustes des deux époux. ℞. La ville de Lyon inscrivant les mots : VOTA LUG sur un bouclier. Arg. 50 mm.

374 La même médaille en bronze.

375 Médaille de mariage. Deux amours tenant des guirlandes de roses. ℞. D T, enlacés, entre une torche et une flèche, dans une couronne. Sur la tranche · CHARLES GERMAIN DUVAL — VICTOIRE TURGOT, UNIS LE 13 JANVIER 1810. Arg. 41 mm.

376 *Prix de l'école de Sorèze.* Buste de Napoléon Ier, à g. ℞. PRIX DE L'ÉCOLE DE SORÈZE, dans une couronne. Arg. 34 mm.

377 *Faculté de médecine.* Buste d'Esculape. ℞. Prix de clinique interne fondé par le baron Corvisart. Faculté de médecine de Paris 1810. Br. 40 mm.

378 *Prix des arts à Naples.* JOACHIMUS NAPOLEO NEAP ET SICILIAE REX. Buste de Murat, à g. ℞. SIC ARTIBVS VENIT HONOS. Minerve assise, à g., tenant une couronne. A l'exergue : MDCCCXI. Arg. 43 mm.

379 *Baptême du Roi de Rome.* Buste de Napoléon Ier, à g. ℞. L'Empereur, en grand costume impérial, élevant dans ses bras son jeune fils au-dessus des fonts baptismaux. A l'exergue : BAPTÊME DU ROI DE ROME. MDCCCXI. Arg. 68 mm.

380 *Prise de Wilna* 1812. Deux chefs polonais prêtant serment entre les mains de Napoléon. Br. 41 mm.

381 *Médaille de Mariage.* E P, enlacés, dans une couronne, entre une flèche et une torche. ℞. JENNY ESPARON ANTOINE

PETROS. MARIÉS LE 10 MAI 1813, gravé à la pointe. Arg. 35 mm.

382 *Abdication de Napoléon*. L'Empereur signe son abdication sur un feuillet que lui indique une furie. Br. 41 mm.

383 *Départ de Paris 1814*. Buste de Marie-Louise. ℞. Buste de l'Empereur. Br. 41 mm. — Séjour d'Alexandre de Russie. Ens. — 2 p. Br. 41 mm.

384 *Waterloo*. Buste de Napoléon. ℞. Aigle assailli par des vautours. 18 JUIN 1815. Br. 41 mm.

385 *Napoléon II*. Duc de Reichstadt, PROCLAMÉ EMPEREUR, PAR LES CHAMBRES EN 1815. Son buste, à dr. Br. 50 mm.

386 *Louis-Napoléon*. NAP. LOUIS I. ROI DE HOLLANDE CONN. DE FRANCE. Son buste, à dr. ℞. Écusson aux armes de Hollande sur le manteau impérial. Arg. 54 mm.

387 Médailles au buste de Napoléon. — 13 pièces. Br.

388 **Louis XVIII**. *Première entrée du roi à Paris*. Buste de Louis XVIII, à dr. ℞. ILLIC FAS REGNA RESURGERE. A l'exergue : ADVENTUS REGIS III MAI MDCCCXIV. Le roi recevant les clefs de la ville de Paris. Au second plan, la statue d'Henri IV. Médaille de Galle. Arg. 68 mm.

389 *Débarquement du roi à Calais*. Buste de Louis XVIII, à dr. ℞. IL PORTE LA PAIX DU MONDE. La France tendant les bras vers un navire. Arg. 40 mm.

390 Médaille au buste de S. A. R. Monsieur, fr. à l'occasion de la pose de la 1re pierre d'un monument élevé à Lyon, en 1814, en souvenir du siège de cette ville en 1793. Br. 50 mm.

391 Médaille au buste de Louis XVIII, offerte en 1818, à S. Ex. le Général Kaablukoff, par l'arrondisst de Vouziers. Br. 41 mm.

392 Médaille au buste de Louis XVIII, offerte par les arrondts de Rethel et de Vouziers, à S. Ex. le lieutt général Alexeef. 1818. Br. 41 mm.

393 Entrée du roi à Paris. — Malherbe, né à Caen. Ens. — 2 p. Br. 41 mm.

394 *Chambre des députés*. Buste de Louis XVIII, à dr. ℞. VIVE LE ROI. CHAMBRE DES DÉPUTÉS. 1821. Arg. 41 mm.

395 *Conseil d'Etat*. Buste de Louis XVIII. ℞. Médaille au nom de M. le comte A. de Pastoret. Arg. 40 mm.

395 *bis Limoges*. AMORIS PIGNUS. Trois fleurs de lis. ℞. MONNAIE

DE LIMOGES. HOMMAGE A S. A. R. MGR LE DUC D'ANGOULÊME. AOUT 1814. Arg. 33 mm.

396 *Pont sur la Gironde*. Buste de Louis XVIII. ℟. GARVMNA PRIMVM AD BVRDIGALAM SVBACTA. PONTE ARCVM XVII IMPOSITO MDCCCXXI. La Garonne, à g. Au second plan, un pont surmonté de la statue de Jupiter. Arg. 50 mm.

397 Médaille au buste de la duchesse de Berry, fr. à l'occasion de son séjour à Dieppe. 1824. Arg. 42 mm.

398 *Ordre du lys*. FIDÉLITÉ. DÉVOUEMENT. Buste de Louis XVIII, à dr. ℟. La croix de l'ordre du Lys. Br. 41 mm.

399 EXPOSITION PUBLIQUE DE TABLEAUX ET D'OBJETS D'ART DANS LA SALLE DE LA BIBLIOTHÈQUE, EN FAVEUR DES GRECS ET DES OUVRIERS SANS TRAVAIL. ℟. La ville de Lyon s'appuyant sur un génie. 1826. Br. 51 mm.

400 Médaille au buste d'Alexandre de Bourbon, comte de Toulouse. ℟. HOMMAGE DE MADAME LA DUCHESSE D'ORLÉANS A SON ILLUSTRE AYEUL. 1818. Br. 68 mm.

401 Variété de la précédente. Buste d'Alexandre de Bourbon. ℟. BRITANNIS BATAVIS QUE DEVICTIS. XXIV AOUST MDCCIV. Victoire écrivant : VELE MALAGA, sur un bouclier accroché au mât d'une galère richement décorée. A ses pieds, un amas d'armes. Arg. 68 mm.

402 **Charles X**. *Chambre des députés*. Buste de Charles X, à dr. ℟. CHAMBRE DES DÉPUTÉS 1825. Arg. 41 mm.

403 **Louis-Philippe**. Exposition des produits de l'Industrie de Rouen. 1844. Médaille décernée à M. *Pouyer-Quertier*. Arg. 57 mm.

404 Médaille au buste de Louis-Philippe, donnée à *M. Euzet*, sergent de sapeurs-pompiers, pour son courage lors d'un incendie à Cette. 1841. Arg. 52 mm.

405 Médaille au buste de Louis-Philippe, décernée par le Ministère de la Marine à *Remi Louarn*, patron de barque, pour avoir secouru des naufragés. 1842. Arg. 41 mm. Bélière.

406 Buste de Louis-Philippe. Médaille décernée à *Euzet* pour une action de dévouement. 1843. Arg. 37 mm.

407 Médaille donnée par le Ministère de l'Intérieur *au jeune Legru*, âgé de douze ans : pour avoir sauvé en exposant ses jours un enfant qui se noyait à Tarascon. 1836. Arg. 52 mm.

408 Médaille au buste de Louis-Philippe donnée par la Société

d'agriculture à *M. Ancelin*, maître de poste à Aumale. 1842. Arg. 57 mm.

409 *Le choléra à Marseille.* Armes de la ville de Marseille. ℞. CHOLÉRA 1835. MARSEILLE RECONNAISSANTE, dans une couronne de chêne. Br. 57 mm.

410 *Chambre des députés.* Buste de Louis-Philippe, à dr. ℞. CHAMBRE DES DÉPUTÉS. SESSION. 1833, dans une couronne de chêne. Arg. 41 mm.

411 Médaille décernée à *Lequen*, à Pont de l'Arche, pour un acte de dévouement. 1846. Arg. 38 mm.

411 *bis. Prix de médecine*, décerné en 1844 à M. A. Goblet (de Metz). UNIVERSITÉ DE FRANCE. FACULTÉ DE MÉDECINE. La Faculté debout cherche à sentir les battements du cœur d'un mourant. Arg. 50 mm.

412 *M. de la Rochejaquelin.* Son buste, à g. ℞. AU DÉPUTÉ DU MORBIHAN MDCCCXXXXII, MDCCCXXXXIII et MDCCCXXXXIV. Br. 68 mm.

413 *Visite d'Ibrahim-Pacha à la Monnaie de Paris.* Buste de Louis-Philippe, à g. ℞. Inscription en langue turque, rappelant ce fait. Arg. 50 mm.

414 *Exposition des produits de l'industrie.* 1839. Médaille décernée à MM. Bertrand et Feydeau. Arg. 57 mm.

415 *Tribunal civil.* CHARTE 1830. Table de la Loi, balances, sceptre, etc. ℞. TRIBUNAL CIVIL. ACTION DE LA LOI. Arg. 33 mm.

416 Buste de Louis-Philippe, à g. ℞. VACCINE. DÉPARTEMENT D'EURE-ET-LOIR. A MME DUJONCQUOY SAGE-FEMME A AUNEAU. 1839, dans une couronne de laurier. Arg. 45 mm.

417 **République.** Buste de Louis-Napoléon Bonaparte, à dr. ℞. ÉLECTION DU PRÉSIDENT PAR LE SUFFRAGE UNIVERSEL X DÉCEMBRE MDCCCXLVIII. La France assise, à g., déposant un bulletin de vote dans une urne. Arg. 78 mm.

418 **Napoléon III.** *Tribunal de Commerce.* Buste lauré de Napoléon III, à g. ℞. TRIBUNAL DE COMMERCE. Vue de ce monument. A l'exergue : SOUS LE RÈGNE DE NAPOLÉON III A ÉTÉ INAUGURÉ CET ÉDIFICE LE 26 DÉCEMBRE 1865. LE B[ON] HAUSSMANN SÉNATEUR PRÉFET DE LA SEINE Grande médaille arg. 75 mm. TB.

419 Grande médaille relative à l'endiguement de la Seine maritime, terminé en 1858. SOLLICITÉ PAR LA CHAMBRE DE COMMERCE DE ROUEN. COMMENCÉ A VILLEQUIER. LE CANAL

RECTIFIÉ JUSQU'A TANCARVILLE. MAIRES DE ROUEN. MM. H. BARBET, J. A. FLEURY ET A. VERDREL, etc. Arg. 68 mm.

420 Statue de Napoléon Ier à Rouen. Tête de Napoléon III, à g. ℞. A NAPOLÉON I LA VILLE DE ROUEN ET LE DÉPARTEMENT DE LA SEINE INFRE 14 AOUT 1865. Statue équestre de Napoléon Ier. Arg. 63 mm.

420 *bis*. *Denis Papin*. Son buste, à dr. ℞. Inscription, dans une couronne de chêne : NÉ A BLOIS, 22 AOUT 1647, MEMBRE DE LA SOCIÉTÉ ROYALE DE LONDRES, PROFESSEUR DE MATHÉMATIQUES A MARBOURG. Médaille de Borrel. Arg. 50 mm.

421 *Corps législatif*. Session de 1858. Médaille au nom de M. Pouyer-Quertier fils, député de la Seine-Inférieure. Arg. 50 mm.

422 — Session de 1859. Médaille du même. Arg. 50 mm.

423 — Session de 1860. Médaille du même. Arg. 50 mm.

424 — Session de 1861. Médaille du même. Arg. 50 mm.

425 — Session de 1862. Médaille du même. Arg. 50 mm.

426 — Session de 1863. Médaille du même. Arg. 50 mm.

427 — Session de 1864. Médaille du même. Arg. 50 mm.

428 — Session de 1865. Médaille du même. Arg. 50 mm.

429 — Session de 1866. Médaille du même. Arg. 50 mm.

430 — Session de 1867. Médaille du même. Arg. 50 mm.

431 — Session de 1868. Médaille du même. Arg. 50 mm.

432 — Session de 1869. Médaille du même. Arg. 50 mm.

433 *Corps législatif*. Session de 1864. Médaille au nom de M. le comte de Barbentane (Saône-et-Loire). Arg. 50 mm.

434 Médaille donnée en récompense à *M. Loisel* matelot, pour son courage et son dévouement 1869. Avec bélière. Arg. 33 mm.

435 Médaille donnée par le Ministère de l'Agriculture, du Commerce et des Travaux Publics à MR PANGAUD, Dr-médecin à Montluçon (Allier). 1862. ℞. LA VACCINE. Esculape protégeant la Vénus de Médicis. Arg. 41 mm.

436 La même médaille, donnée à M. le Dr Pangaud en 1865. Arg. 41 mm.

437 La même médaille donnée en 1868 à M. le Dr Pangaud par le Ministère de l'Agriculture et du Commerce. Arg. 41 mm.

438 *Conseil municipal de Lyon*. 1858. Arg. 40 mm.

439 Ministère de l'Instruction Publique. Commission scientifique du Mexique, 1864. V. Duruy, ministre. Arg. 35 mm.

440 INSTITUT IMPÉRIAL DE FRANCE. Buste de Minerve casquée, à dr. ℞. ACADÉMIE DES SCIENCES. PRIX MONTHYON. MEDECINE ET CHIRURGIE. FERDINAND MARTIN ET ALFRED COLLUMEAU. 1864. Arg. 49 mm.

441 Bustes accolés de Napoléon III et de l'Impératrice Eugénie. Visite de LL. MM. II. au concours régional de Rouen. 1868. Arg. 43 mm.

442 *Secours aux blessés militaires.* Exposition et conférences internationales. Médaille donnée à *M. le Dr Collineau.* Paris. 1867. Arg. 36 mm.

443 Médaille donnée par les commerçants de Milan aux blessés et malades de l'armée Franco-Piémontaise, soignés dans les hôpitaux de Milan. 5 juin 1859. Arg. TB.

444 *Société protectrice des animaux.* Médaille décernée à M. Lanois, piqueur à la Cie Gle des Omnibus. 1868. Arg. 41 mm.

445 Médaille donnée en récompense par le Ministère de l'Agriculture, du Commerce et des Travaux Publics à *M. le Vte de Chezelles*, maire. *Choléra.* 1854. Arg. 51 mm.

446 *Médaille Anglaise de la Baltique.* 1854-55. Avec bélière. Arg. 36 mm.

447 *Sapeurs-pompiers de la Ville de Beaune.* Médaille donnée à M. Aug. Pichelin. 1859. Avec bélière. Arg. 33 mm.

448 Médaille au buste de Napoléon III, donnée en récompense de son dévouement à *P. Carrière*, garde maritime. 1858. Arg. 34 mm. Bélière.

449 *Forges et laminoirs Rouennais.* Société Laubenière et Cie, 1858. Arg. 41 mm.

450 *Garde nationale de la Seine.* 1865. Conseil de famille, 5me Cie, 7me Bon. Médaille au buste de Napoléon III. Arg. 36 mm.

451 *Société de protection pour les enfants employés dans les manufactures. 1867.* Buste de l'Impératrice Eugénie, à g. ℞. L'Impératrice prenant sous sa protection des enfants qui tiennent des instruments de travail. Arg. 46 mm.

452 *Exposition universelle de Metz. 1861.* Bustes conjugués de Napoléon III et de l'Impératrice Eugénie. ℞. Armes de la ville de Metz. Arg. 45 mm.

453 **République.** *Assemblée nationale.* Session de 1871 au nom de M. Pouyer-Quertier, député de la Seine-Inférieure, Arg. 51 mm.

454 Inauguration du monument élevé en 1889 à la mémoire des soldats morts à Rouen en 1870-71. Arg. 45 mm.

455 Médaille frappée par la ville de Lille à la mémoire d'*Achille Testelin* et de l'armée du Nord (défense nationale 1870-1871). Arg. 40 mm.

456 AMBULANCE DU GRAND ORIENT DE FRANCE. SIÈGE DE PARIS. *1870-71*. Globe terrestre sur un triangle, au centre d'un cercle formé par un serpent. ℞. A MR PAULIER ÉLÈVE EN MÉDECINE, dans une couronne. Arg. 48 mm.

457 Médaille donnée par le Ministère de l'Agriculture et du Commerce à *M. le Dr Pangaud*, à Montluçon. 1874. ℞. LA VACCINE. Esculape et la Vénus de Médicis. Arg. 41 mm.

458 *Ecole des Beaux-Arts de Lyon.* Buste de Minerve casquée, à g. Arg. 41 mm.

459 Médaille donnée en récompense à *M. Gloaguen*, matelot, pour son courage et son dévouement, 1895. Avec bélière. Arg. 34 mm.

460 Médaille donnée en récompense de son courage et de son dévouement à *Guillaume Conan*, matelot. 1886. Avec bélière. Arg. 34 mm.

461 *Conseil d'hygiène.* Minerve, drapée et casquée, assise, à g., tenant une couronne. ℞. RÉPUBLIQUE FRANÇAISE. PRÉFECTURE DE POLICE. CONSEIL D'HYGIÈNE PUBLIQUE ET DE SALUBRITÉ. Arg. 41 mm.

462 *Chambre des députés.* Médaille au nom de M. René Gautier, député de la Charente. 1877. Arg. 51 mm.

463 *Rouen.* Exposition nationale et régionale. 1884. Arg. 42 mm.

464 *Société industrielle d'Elbeuf* (Seine-Inf[re]). Médaille décernée à M. Strutter. Arg. 41 mm.

465 Médaille offerte au nom du département de la Seine-Inf[re] à *M. Rougetet*, sergent au 74e, Rouen, 1878. Arg. 51 mm.

466 *Concours régional hippique d'Evreux.* Médaille donnée à M. Pouyer-Quertier, conseiller général. 1879. Arg. 36 mm.

467 *Société humanitaire des sauveteurs d'Elbeuf.* Médaille au nom de M. Rault. Avec bélière. Arg. 36 mm.

468 Médaille décernée en 1875 par le Ministère de l'Intérieur à *Vuillez*, pour acte de dévouement. Arg. 27 mm. — Même médaille, décernée en 1891. Arg. 27 mm.

469 *Conseil des Prud'hommes* de Paris, pour l'industrie des tissus. Médaille au nom de M. Brice. 1885. Arg. 52 mm.

470 *Sénat*. Médaille au nom de M. Pouyer-Quertier, sénateur. Session de 1879. Arg. doré. 51 mm.

471 — Même médaille au nom de M. Pouyer-Quertier, sénateur, pour la session de 1885. Arg. doré. 51 mm.

472 *Chambre des députés*. Médaille au nom de M. Cluseret Gustave, député du Var. Session de 1885. Arg. 51 mm.

473 *Chambre des députés*. Médaille au nom de M. Cluseret. Var. 1889. Arg. 51 mm.

474 *Chambre des députés*. Médaille au nom de M. Cluseret. Var. 1893. Arg. 51 mm.

475 *Postes et télégraphes*. Médaille donnée en récompense à *M. Jean Pinault*. 1889. Avec bélière. Arg. 30 mm.

476 *Prix de tir*, décerné à l'adjudant Bourgoin, du 19e rég^t^ territorial. 1890. Avec bélière. Arg. 47 mm.

477 Prix de tir. Concours de Saint-Denis. Arg. 37 mm.

478 *École des Beaux-Arts de Lyon*. Médaille offerte par le gouvernement et la ville de Lyon à M. Malleval. 1883. Arg. 41 mm.

479 Même médaille. 1884. Arg. 41 mm.

480 Médaille décernée par le Ministère de la Marine *au lieutenant Thual*, pour son courage et son dévouement. 1891. Arg. 43 mm.

481 *École d'accouchement de Paris*. Prix de bonne conduite décerné à Mlle Jourdain. 1878-79. Arg. 41 mm.

482 *Petites régates Havraises*. 1893. Médaille offerte par le Ministère de la marine. Arg. 41 mm.

483 Médaille d'honneur des Sociétés de secours mutuels, décernée par le Ministère de l'Intérieur à *H. Ribère, administrateur*. Armentières. 1881. Avec bélière. Arg.

484 Médaille décernée en 1875 à *P. Robert* pour acte de dévouement. Arg. 27 mm. Bélière.

485 Médaille au buste de *M. Le Grand*, directeur et fondateur de la distillerie de la Bénédictine à Fécamp. 1895. Arg. 46 mm.

486 *Société d'Horticulture et d'Arboriculture* de Vimoutiers (Orne). Jolie médaille de Vernon. Arg. 42 mm.

487 *Mission Marchand*. Buste de la République, à dr. ℞. MISSION MARCHAND DE L'ATLANTIQUE A LA MER ROUGE. 1897-1899. Médaille de Daniel Dupuis. Arg. 50 mm.

488 *Insigne maçonnique* de l'Asile du Sage. Lyon. 1827. Arg.

489 *Médaille maçonnique*. 5837. Soleil rayonnant au milieu d'un triangle. ℞. L.·. CH.·. EC.·. DES AMIS BIENF.·. ET DES IMITA. D'OSIRIS RÉUNIS 1828. Au centre : RÉCOMPENSE ACCORDÉE AU F.·. PATINIER. JAN. 68. Avec bélière. Oct. Arg. TB.

490 — La même médaille. Le nom du titulaire est effacé. Oct. Arg. TB.

491 Médailles maçonniques avec bélière données par les loges : *Les zélés Philantropes* et *la libre pensée* à Henriette Constance, Marie, Louise, Georges et Jean-Jacques Buffet. — 5 p. Arg.

492 *Valenciennes. Insignes des canonniers bourgeois*. Écusson de Valenciennes, au-dessus de deux canons sur lesquels sont inscrites les dates 1793-1815. Arg.

493 *Médaille donnée par la reine Victoria aux sauveteurs du Drummond Castle*. Buste de la reine, à g. ℞. A TOKEN OF GRATITUDE FROM QUEEN VICTORIA, dans une couronne : S.S. DRUMMOND CASTLE 16 JUNE 1896. Avec bélière. Arg. 38 mm.

494 *Angleterre*. Médaille au buste de la reine Victoria, décernée par le gouvernement anglais à *Dominique Garnier Capon*, pour avoir sauvé l'équipage du vapeur « l'Empereur ». Octobre 1857. Avec bélière. Or. 29 gram. environ.

495 *Médaille militaire anglaise*, donnée en récompense, pour longs services et bonne conduite. Sur la tranche : 1619. FAR[R] SERG[T] GEO HORTON 8TH B[DE] RA. Avec bélière. Arg. 36 mm.

496 Médaille qui fut donnée aux sous-officiers et soldats du régiment des dragons de Latour, *pour la conquête de la Belgique*. 1791. Cuiv. doré, 35 mm.

497 *Enseignement secondaire des jeunes filles*. Belle médaille par Roty. Br. 68 mm.

498 *Les Arts appliqués à l'Industrie*. Vulcain soumettant son travail à Minerve. Belle médaille par Roty. Br. 80 mm.

499 *Plaquette de Mouchon.* — *Les pigeons*, médaille de Borrel. — 2 p. Br.

500 *Centenaire de la République Française.* MÉDAILLE DONNÉE A M. DINDEAU, DÉPUTÉ. Br. 72 mm.

501 Médailles bronze. Refrappes diverses. — 6 p.

502 Médailles diverses, françaises et étrangères — 16 p.

503 *Suisse.* Cinq centième anniversaire de la bataille de Saint-Jacques. Arg. TB.

504 *Médecins florentins.* SILVESTRES MEDIC. ÆQV. R. PVB. FLOR. Son buste, à dr. Br. 85 mm. Avec cercle et bélière.

505 CLARISS. DE. AVERARD. MED. FIL. ALTERIVS AVERAR P. Son buste, à g. ℞. Lion heaumé, tenant un écu. Br. 85 mm. Avec cercle et bélière.

506 AVERARDVS MEDIC. COGNOM. BICCIVS. Son buste, à dr. ℞. Chien, la patte sur un globe, et canard. Br. 85 mm. Cercle et bélière.

507 PETRVS MEDICES LAVR FIL. Son buste, à g. ℞. Arbres dépouillés de leurs branches et d'où s'échappent des flammes Br. 85 mm. Cercle et bélière.

508 MAGN. IVLIANVS. MEDICES. LAV. FR. Buste, à g. ℞. Arbre dépouillé de ses branches. Br. 85 mm. Cercle et bélière.

509 Lot de médailles diverses. Arg.

JETONS

510 *Marie de Médicis.* Buste, à g., avec grande collerette et couronne royale. ℞. SECVLI FELICITAS. 1610. Couronne traversée par trois rameaux. Arg. TB.

511 **Louis XIII**. *Conseil du roi.* PRÆBET VTRAMQUE TIBI. 1625 La Justice debout, à g. Arg. TB.

512 **Louis XIV**. *Conseil du roi.* INVENIT VIRTVTE VIAM. 1655. Le Soleil se levant sur les flots. Arg. TB.

513 *Ordre du St-Esprit.* 1664. ANIMIS ILLABERE NOSTRIS. St-Esprit et flammes. ℞. Écu d'un chevalier de l'Ordre. Cuivre. B.

514 *Commissaires des francs-fiefs.* REGIA IVRE SVIS PETIT ECQUID IVSTIVS. Louis XIV, assis sur le trône. Cuivre. TB.

515 *Deniers revenans bons.* 1658. Louis XIV assis sur le trône.

℞. DENIERS REVENANS BONS. Deux colonnes supportant une banderole sur laquelle on lit NEC PLUS ULTRA. Arg. TB.

516 *Galères.* ALARVM FREMITV FVGAT. 1701. Aigle sur un rocher. Arg. TB.

517 *Trésor Royal.* 1706. ALIT VIRESQUE MINISTRAT. Dextrochère arrosant des plantes.

518 *Anne d'Autriche* HIS. PLVRES. FŒDERE IVNGAM. 1658. Deux couronnes réunies par un flot de rubans. Arg. B.

519 *Marie Adelaïde, duchesse de Bourgogne.* Son buste, à g. ℞. NOVUS EX NEXU DECOR. 1711. Gerbe de fleurs. Arg. TB.

520 **Louis XV.** Buste de Louis XV, à dr. ℞. RECREAT EXORIENS. 1716. Le soleil se levant sur les flots. Arg. TB.

521 *Sacre de Louis XV* à Reims. 1722. Arg. TB.

522 *Louis XV et Marie Leczinska.* Buste de Louis XV, à dr. ℞. Buste de Marie Leczinska, à g. Arg. T. B.

523 *Bâtiments du roi. 1740.* PLACIDAS UT REVOCET ARTES. Minerve assise, traçant un plan. Arg. TB.

524 — 1656. MOX HOSPITE DIGNA. Façade du Louvre en réparations. Arg. TB.

525 *Extraordinaire des guerres. 1745.* OPPOSITAS EVICIT MOLES. Torrent rompant une digue. Arg. TB. Rare.

526 *Parties casuelles.* 1744. VITANDIS FUNERIBUS. Bouclier, Arg. TB.

527 *Ordre militaire de St-Louis.* FIRMATUR CONSILIO VIRTUS. St Louis debout. Arg. TB.

528 *Marie-Josèphe de Saxe.* MARIA JOSEPHA DELPHINA. Son buste, à g. ℞. IT PRŒVIA PHŒBO. 1751. Le char de l'Aurore. Arg. TB.

529 — NOVUM EX PROLE DECUS. 1757. Trois arbrisseaux sous un arbre. Arg. TB.

530 **Louis XVI.** *Extraordinaire des guerres.* 1775. PRISCA NOVO SUB REGE FIDES. Abeilles suivant leur reine. Arg. TB.

531 — 1776. NEC PAX SINE ARMIS. Minerve debout. Arg. TB.

532 *Comices agricoles.* Buste de Louis XVI. ℞. COMICES AGRICOLES DE LA GÉNÉRALITÉ DE PARIS. Cérès debout. Arg. TB.

533 *Conseillers du roi et notaires* sous Louis XVI. Coin de Droz. Arg. TB.

534 *Garde Robe.* JETTON DE LA GARDEROBE DU ROY. Deux L couronnés. ℟. Le même. Octog. cuiv. TB.

535 Jeton relatif à la mort du roi. Arg. TB.

536 *Marie-Antoinette.* Son buste, à g. ℟. J'ACCUSE JE JUGE J'EXTERMINE. Furie debout. Arg. TB. Jeton de Van Loos.

537 *Napoléon Ier.* Jeton relatif à son mariage avec Marie-Louise. Arg. TB.

538 **Particuliers.** *Louis de Bourbon*, duc du Maine. Son buste, à dr. ℟. JOVIS QUO JUSSERET IRA. Foudre au-dessus de la terre. A l'exergue : ARTILLERIE 1733. Arg. TB.

539 *Claude de Guenegaud*, conseiller du Trésor de l'Épargne. Cuiv. TB.

540 MESSIRE FRANÇOIS DE CHEVRIERS. Ses armes. ℟. DAME LOVISE PARISE. Ses armes. Cuivre. TB.

541 P. GRASSIN ECFR S. DE MORMANT. Son buste, à dr. ℟. CHARLOTTE DVPUY DE DIGNY. Son buste, à g. Arg. TB.

542 VOTAQVE SERVATI SOLVENT. Modius, rempli d'épis. ℟. Écusson couronné entre deux palmes. Cuivre TB. Rare.

543 *Théodore Baron*, doyen de la faculté de médecine. Son buste, à dr. Jeton de 1751. Cuivre. TB.

544 Trois lettres entrelacées. ℟. DEUS NOBIS HÆC OTIA FECIT. Trois amours sous un arbre ; deux s'amusant avec un chien, tandis que le troisième tire un oiseau avec une sarbacane. Octog. Arg. TB. Rare.

545 *Bernadotte.* Jeton de 1818, au buste de Bernadotte, roi de Suède. Arg. TB.

546 *Dr Guillotin.* JOS. IGN. GUILLOTIN SANTO MED. PAR ACAD. PRAESES. 1807-08. Son buste, à dr. ℟. RECOGNITIS DENUOQ CONFIRMATIS SANCITIS ACADEMIÆ MED. PAR. STATUTIS ATQUE IN STATUTA COMMENTARIIS. J. I. GUILLOTIN PRAESIDE. 1809-1810. Coin de Droz. Arg. TB.

547 — Même avers. ℟. COLLIGIT UT SPARGAT. La Médecine assise, à dr., tenant un miroir où se réfléchissent les rayons du soleil. A l'exergue : MED. ACADEMIA PAR. J.-I. GUILLOTIN PRAES. 1809. Coin de Droz. Arg. TB.

548 *Philippe Égalité ci-devant duc d'Orléans.* Son buste, à g. ℟. Serpent mordant les insignes de la royauté. Arg. TB.

549 *Frédéric de Prusse prince de Neuchatel et Valois.* FRID. D. G. REX BOR & EL. S. PR. AR. NEOC. & VAL. Son buste, à dr. ℟. SVVM CVIQVE. 1713. Écu couronné. Arg. TB.

550 **Divers.** *Société Philomatique.* Paris. 1788. Arg. TB. Coin de Droz, non signé.

551 *Agents de change.* An 9. Buste du premier consul, à g. ℞. AGENS DE CHANGE DE PARIS. Vue de la Seine et du Louvre. Octog. Arg. TB.

552 *Agents de change.* 1813. Buste de Napoléon Ier, à dr. ℞. AGENS DE CHANGE DE PARIS. Façade de la Bourse. Octog. Arg. TB.

553 ASSOCIATION DU IV FRIMAIRE AN VI POUR LA PROSPÉRITÉ DU COMMERCE. ℞. CAISSE D'ESCOMPTE DU COMMERCE. Même sujet. A l'exergue. : VIGILANCE. Octog. Arg. TB.

554 *Caisse d'escompte.* Buste de Bonaparte, à dr. ℞. CAISSE D'ESCOMPTE DU COMMERCE. ASSOCIATION DU IV FRIMAIRE AN VI. Femme drapée à l'antique, tenant une lampe. Coq, etc. Octog. Arg. TB.

555 *Salines de l'Est.* Buste de Napoléon Ier, à dr. ℞. S.EX. MGR GAUDIN MINISTRE DES FINANCES. Dans une couronne : COMPAGNIE DES SALINES DE L'EST. Coin de Tiolier. Octog. Arg. TB.

556 *Université.* Buste de Napoléon Ier, à dr. ℞. UNIVERSITÉ IMPERIALE. Aigle tenant une palme. Arg. TB.

557 *Notaires* du départt de la Seine. Buste de Napoléon Ier, à dr. ℞. Sphère. Octog. Arg. TB.

558 *Affiches réunies de Paris.* 1815. Annonces judiciaires, légales et avis divers. Octog. Arg. TB.

559 *Jeton maçonnique.* LOGE DE L'AIGLE IMPÉRIALE DE FRANCE. Aigle éployé de face. ℞. OR.·. DE PARIS. 5807. Arg. TB.

560 Orient de Paris. Loge des frères unis 1795. Arg. TB. Rare.

561 JUNCTI ROBORANTUR G.·. O .·. F.·.. Faisceau surmonté d'un aigle. ℞. OMNIBUS UNUS. Soleil radié dans un triangle. Arg. TB.

562 Orient de Paris. Loge des ff.·. artistes fondée en 5797. ℞. NUPER SUB MODIO NUNC SUPER. Lampe antique. Hexagone. Arg. TB.

563 Loge des zélés Philanthropes. Orient de Vaugirard. Octog. Arg. TB.

564 *Pont de Grenelle.* Buste de Charles X. ℞. Pont, gare et port de Grenelle. Mercure et la Seine. Octog. Arg. TB.

565 *Société des trois nouveaux ponts* sur Seine. Jeton au buste de Louis-Philippe. Octog. Arg. TB.

566 *Commission des auteurs dramatiques*, fondée le 7 mars 1829. Octog. Arg. TB.

567 Chambre syndicale des fabricants de produits pharmaceutiques. Arg. TB.

568 LOI DU 28 MAI 1838. PROMULGUÉE LE 8 JUIN. Livre ouvert, sur lequel on lit : CODE DE COMCE. LIVRE III. ℞. La Justice assise. 28 MAI 1850. Octog. Arg. TB.

569 **Paris.** *IIIe Prévôté de M. Le Peletier.* 1788. Armes de la Ville de Paris. ℞. Armes de M. Le Peletier. Octog. Arg. TB.

570 **Corporations.** *Doreurs.* Buste de Louis XV, à dr. ℞. COMTE DES ME DOREURS ARGENTEURS CISELEURS SUR TOUS MÉTAUX. 1765. Saint Éloi debout regardant le ciel. Arg. TB.

571 *Imprimeurs.* 1723. Cartouche aux armes de la corporation. ℞. EX UTROQUE LUX. Livre ouvert sous le Soleil. A l'exergue : BIBLIOPOLAE ET TYPOGRAPHI PARISIS. Arg. TB.

572 *Distillateurs.* Buste de Louis XV, à dr. ℞. TOTUM IN SPIRITU IN CORPORE NIHIL. St Louis agenouillé, regardant le St-Esprit descendant du ciel. A l'exergue : COMMUNAUTÉ DES DISTILLATEURS MDS D'EAU-DE-VIE. Arg. TB.

573 *Marchands de vin.* ÆQUATIS IBUNT ROSTRIS. Armes de la corporation dans un cartouche. A l'exergue : LES GARDES MARCHANDS DE VINS. ℞. Calice sur un autel. Arg. TB.

574 *Marchands de vin.* Buste de Napoléon Ier, à dr. ℞. COMMERCE DE VIN DE LA VILLE DE PARIS. FORMATION DU 1 Jr 1811. Grappe de raisin dans une couronne. Arg. Octog. TB.

575 *Bourreliers.* Buste de Louis XV, à dr. ℞. VENI CORONABERIS. A l'exergue : COMMUNAUTÉ DES MAIT. BOURRELIERS. 1403. Arg. TB.

576 *Employés à l'éclairage.* Buste de Louis XIV. ℞. LATE CVNCTA PROFVNDIT. Le Char du Soleil. Arg. TB.

577 *Commerce des bois carrés.* Charpente, sciage et charronnage réunis. 1818. Octog. Arg. TB.

578 *Bouchers.* Buste de Napoléon Ier, à dr. ℞. COMMERCE DE LA BOUCHERIE DE PARIS. Taureau. A l'exergue. : SOUS L'ADMINISTRATION DU COMTE DUBOIS, PRÉFET DE POLICE. 1810. Octog. Arg. TB.

579 **Clergé.** *Paroisse de Saint-Roch.* Buste de Louis XV, à dr. ℞. PER MANUM EJUS SALUS DATA. Saint Roch et son chien. A l'exergue. : FABRIQUE DE ST ROCH. 1744. Arg. TB. Rare.

580 **Province.** *Aniche.* Compagnie des mines à charbon d'Aniche. Octog. Arg. TB.

581 *L'Ile Bourbon.* Caisse d'escompte et de prêts. Jeton au buste de Charles X. Octog. Arg. TB.

582 *Bourgogne.* Jeton des États. 1682. NOSTRVM VNI EX SVPERIS NOMEN. Le Zodiaque au signe du bélier. Arg. TB.

583 *Elbeuf.* Chambre de commerce. — Ruche et abeilles, ancre et caducée. Arg. TB.

584 *Mines du Flénu.* Vue de la mine. ℞. COMPAGNIE HOUILLÈRE DU CENTRE DU FLÉNU. 1838. Octog. Arg. TB.

585 Société des Mines et fonderies de Gar. Rouban. Bon pour 5 francs. Cuiv. TB.

586 *Le Hâvre.* Compagnie d'assurances maritimes. 1860. Octog. Arg. TB.

587 *Languedoc.* Jeton des États. IGNORANT SIDERA LAPSVM. Écusson d'un prélat. Cuiv. TB.

588 Jeton des États 1730. Bustes accolés de Louis XV et de Marie Leczinska. ℞. HOC ERAT IN VOTIS. La France assise, tenant un nouveau-né. Arg. TB.

589 Dép[t] du Loiret 1820. Assurances mutuelles contre l'incendie. Octog. Arg. TB.

590 *Lyon.* Jeton de la ville. LUD. XIIII. D. G. GAL. ET NAV. REX. 1643. Buste du jeune roi, à dr. ℞. LVGDVNVM DEVOTA LVDOVICO. Armes de la ville de Lyon, dans une couronne. Arg. TB. Rare.

591 Société médicale. PHILOSOPHIAM MEDICINAE. Buste d'Hippocrate, à dr. ℞. STUDIO ET ARTE. Serpent enroulé autour d'un palmier. A l'exergue : SOC MED. LUGD. INST. 1789. Arg. TB.

592 Société d'agriculture, d'histoire naturelle et arts utiles. Jeton au buste de François Rozier, fondateur de la Société. Arg. TB.

593 Société de secours mutuels pour les ouvriers en soie. Arg. TB.

594 Même jeton, au buste de Napoléon III. Arg. TB.

595 Essai de soie des fabricants et des marchands de soie réunis. 1882. Arg. TB.

596 Association de la fabrique lyonnaise. Chambre syndicale. Arg. TB.

597 UNION ET TRAVAIL. Armes de la ville entre deux cornes

d'abondance ; dessous, une ruche. ℞. CONSEIL DES PRUD'HOMMES dans une couronne. Œil et mains jointes. Octog. Arg. TB.

598 *Hôpitaux civils.* Bustes accolés de Childebert et d'Ultrogothe. ℞. CONSEIL GÉNÉRAL D'ADMINISTRATION DES HOPITAUX CIVILS DE LYON. Armes dans un cartouche. Arg. TB.

599 *Tribunal de commerce.* La Justice, à g. ℞. TRIBUNAL DE COMMERCE DE LYON. MDCCDXXXV. Arg. TB.

600 *Le Courrier de Lyon.* Journal fondé par 150 citoyens lyonnais 1831. Arg. TB.

601 *Marseille.* Société de médecine. ARCHÆTYPUS HIC. Buste d'Hippocrate, à g. ℞. SOCIÉTÉ DE MÉDECINE DE MARSEILLE. Br. TB.

602 Intendance sanitaire. Tête de Louis-Philippe. ℞. INTENDANCE SANITAIRE DE MARSEILLE. Serpent enroulé à une coupe. Arg. octog. TB.

603 *Meaux.* Prix du collège. Arg. TB.

604 *Namur.* Jeton des États. 1732. ℞. CONRARD DUC D'VRSEL GOV. CAP. GNAL ET SOUV. BAILLI DU PAIS ET COMTÉ DE NAMVR. Ses armes dans un cartouche. Arg. TB.

605 *Dép^t du Nord.* Buste d'Esculape, à dr. ℞. CONSEIL CENTRAL DE SALUBRITÉ DU NORD. Dans une couronne de chêne. Octog. Arg. TB.

606 *Provins.* Société d'agriculture, sciences et arts. ℞. Aigle sur un foudre. Arg. TB.

607 *Rouen.* Armes de la Ville. ℞. CH. F. F. DUC DE LVXEMBOVRG. GOVVER. DE NORMANDIE. Ses armes. Arg. TB.

608 Jeton de la ville. 1674. ℞. OMNIA TERRET VNVM FERIT. Château frappé par la foudre. Arg. TB. Rare.

609 Conseil des Prud'hommes. 1813. Buste de Napoléon Ier, à g. ℞. La Justice assise, à g., tenant une couronne. Octog. Arg. TB.

610 Académie littéraire. Buste de Napoléon Ier, à dr. ℞. Minerve assise, à g. et montrant un temple au sommet d'une colline. Arg. TB.

611 — ÉQUITÉ, CONCORDE. Balance et caducée. ℞. Du précédent. Octog. Arg. TB.

612 Chambre de commerce. Mercure tenant une corne d'abondance, volant au-dessus de la ville. Octog. Arg. TB.

613 Bustes accolés de Cérès et de Pomone. ℞. SOCIÉTÉ D'AGRICULTURE DE LA SEINE INFÉRIEURE. CRÉÉE EN 1761. RET. EN 1819. Arg. TB.

614 Tête de République de Barre. ℞. CONSEIL DÉPARTEMENTAL DE L'INSTRUCTION PUBLIQUE. SEINE INFÉRIEURE. Octog. Arg. TB.

615 CONSEIL CENTRAL D'HYGIÈNE ET DE SALUBRITÉ. 1855. Coq dans une couronne; au-dessous : VIGILANCE. ℞. DÉPARTEMENT DE LA SEINE INFÉRIEURE. CRÉÉ LE 29 JUIN 1831. Octog. Arg. TB.

616 Buste d'Hippocrate, à g. ℞. ÉCOLE DE MÉDECINE DE ROUEN, dans une couronne de laurier. Octog. Arg. TB.

617 ASILES DES ALIÉNÉS. SEINE INF^RE. Buste d'Hippocrate de face. ℞. COMMISSION DE SURVEILLANCE, dans une couronne de laurier. Octog. Arg. TB.

618 *Scarpe.* Sucreries et raffineries de la Scarpe. 1853. ℞. Appareils de raffinage. Octog. Arg. TB.

619 *Versailles.* Maison philanthropique. 1786. ℞. DONEC E CŒLO DESCENDAT. Dextrochère arrosant des plantes. Arg. TB.

620 *Vichy.* Buste d'Esculape, à dr. ℞. C^IE DES EAUX THERMALES DE VICHY, dans une couronne. Octog. Arg. TB.

621 *Jetons de notaires.* Notaires de l'arrond^t d'Abbeville. Deux mains jointes. Octog. Arg. TB.

622 Notaires de l'arrond^t d'Aix (B.-du-Rh.). Deux mains jointes. Octog. Arg. TB.

623 Notaires de l'Arrond^t d'Amiens. 1831. Coq dans une couronne. Octog. Arg. TB.

624 Notaires de l'Arrond^t d'Amiens. 1854. Balance et table de la loi. Octog. Arg. TB.

625 Notaires de l'Arrond^t des Andelys. Eure. Buste de Pallas casquée. Octog. Arg. TB.

626 Notaires de l'Arrond^t d'Arras. Lampe, code ouvert, plume et encrier, mains jointes. Arg. TB.

627 Notaires de l'Arrond^t de Dieppe. La justice assise. Octog. Arg. TB.

628 Compagnie des notaires de Marseille. La justice debout, tenant un gouvernail et une lampe. Octog. Arg. TB.

629 Montbrison. Chambre des notaires. 1876. Armes de la ville. ℞. Code ouvert et mains jointes. Arg. TB.

630 Notaires de l'arr^t de Rouen. NAPOLÉON, EMPEREUR ET ROI.

Buste lauré, à dr. ℞. La justice assise. Jeton de 1811. Arg. TB.

631 Notaires de l'Arrond[t] de Rouen. Buste de Charles X, à g. ℞. La justice assise, à g., écrivant. Arg. TB.

632 Notaires de l'Arrond[t] de Vienne (Isère). 1837. Vue du monument de Ponce-Pilate. Octog. Arg. TB.

633 Lot de jetons arg. non catalogués.

MACON, PROTAT FRÈRES, IMPRIMEURS

Phototype Berthaud, Paris

MACON, PROTAT FRÈRES, IMPRIMEURS

www.ingramcontent.com/pod-product-compliance
Ingram Content Group UK Ltd.
Pitfield, Milton Keynes, MK11 3LW, UK
UKHW020437180726
13839UKWH00004B/1539

9 782329 584492